法律专家为民说法系列丛书

法律专家
教您环境污染如何维权

邵卫星　张乾坤 编著

吉林文史出版社

图书在版编目（CIP）数据

法律专家教您环境污染如何维权 / 邵卫星，张乾坤
编著. — 长春 ：吉林文史出版社
（法律专家为民说法系列丛书 / 张宏伟，吴晓明主
编）
ISBN 978-7-5472-2745-9

Ⅰ．①法… Ⅱ．①邵… ②张… Ⅲ．①环境保护法—
案例—中国 Ⅳ．①D922.685

中国版本图书馆 CIP 数据核字 (2015) 第 043902 号

法律专家教您环境污染如何维权

编　　著	邵卫星　张乾坤
责任编辑	李相梅
责任校对	宋茜茜
丛书主编	张宏伟　吴晓明
封面设计	清　风
美术编辑	李丽薇
出版发行	吉林文史出版社（长春市人民大街4646号）
	全国新华书店经销
印　　刷	三河市祥宏印务有限公司
开　　本	720mm×1000mm　1/16
印　　张	12
字　　数	100 千字
标准书号	ISBN 978-7-5472-2745-9
版　　次	2015 年 7 月第 1 版
印　　次	2018 年 6 月第 3 次
定　　价	35.00 元

如发现印装质量问题，影响阅读，请与印刷厂联系调换。

法律专家为民说法系列丛书

编委会

主　编

张宏伟　　吴晓明

副主编

马宏霞　　孙志彤

编　委

迟　哲	赵　溪	刘　放	郝　义
迟海英	万　菲	秦小佳	王　伟
于秀生	李丽薇	张　萌	胡金明
金　昊	宋英梅	张海洋	韩　丹
刘思研	邢海霞	徐　欣	侯婧文
胡　楠	李春兰	李俊焘	刘　岩
刘　洋	高金凤	蒋琳琳	边德明

PREFACE

【前言】

　　随着社会经济的发展，越来越多的环境污染问题摆在我们面前。污染受害者往往属于弱势群体。环境维权案件被有的学者称为起诉难、取证难、胜诉难、执行难。但是随着法律制度日趋完善，党和国家的高度重视，广大公民法律意识和环保意识的增强。越来越多的公民、公益组织开始拿起法律武器维护合法权益。但是不少维权公民和组织在维权道路上面临这样一些困难：首先，不同的环境污染侵权和赔偿的法律规范散见于卷帙浩繁的法律汇编及其他文献之中，对自己有用的那些法律法规往往难以完全查到；其次，不同种类环境污染的赔偿，具体维权程序和赔偿标准不同，不少维权公民和组织投诉无门，主张和请求很难达到可靠和适当。为了帮助更多的公民、组织环境污染维权，也为了号召广大公民、企业、组织更好地维护环境，共同建设资源节约型、环境友好型社会。安徽睿正律师事务所组织有多年执业经验的专职律师、专家撰写本书。

环境是我们生存的条件。环境的好坏不仅直接影响着我们的生活，而且环境污染和破坏会给我们的生命健康以及财产造成损害。

当前，环境法律普及还不够深入，一些企业的环境保护义务没有得到很好的履行，公众的环境权益还没有得到很好的维护和保障。

在这种情况下，一方面我们要通过加强环境行政执法，控制环境污染和破坏行为，另一方面就是要广泛地宣传环境法律知识，让公众了解自己的环境权益，维护自己的环境权益。

当受害者受到环境污染的侵害时，可以及时向媒体反映，以便引起更广泛的社会关注，促进我国环境法律法规的实施。

编写该书也是律师宣传环境法律法规的有效尝试。由于经验和水平局限，可能存在各种问题，我们殷切希望广大读者和专家多提宝贵意见。

目录
CONTENTS

1.什么是环境污染侵权案件?

❄　　❄　　❄

自从人类社会进入工业时代之后,就出现了各种层出不穷的环境问题,影响着人类的生活,但是环境问题是否必然产生环境污染侵权案件呢?

环境问题,是指由于自然原因或人类活动使环境条件或因素发生不利于人类的变化,以致影响人类的生产和生活,给人类带来灾害的现象。而环境是指影响人类生存和发展的各种天然的和经过人工改造的自然因素的总体,包括大气、水、海洋、土地、矿藏、森林、草原、野生生物、自然遗迹、人文遗迹、自然保护区、风景名胜区、城市和乡村等。所以,只有国家保护环境防止污染的规定,污染环境造成他人损害的,才属于环境污染侵权,适用相关国家保护环境防止污染的规定。

案例:

2012 年 3 月,李某购买一套新房,因此与某装潢公司(以下简称 A 公司)签订了装修合同,约定 A 公司对李某房屋进行装修,装修工程于 2012 年 9 月上旬交付使用。2012 年 11 月月末李某搬入新房居住,于 2013 年 2 月份出现呕吐、虚脱等症状,后其母也出现类似症状,经诊断为血液病。同年 8 月,经该市环境监测中心站对其居室内空气质量检测,室内空气中有毒气体严重超标。由此,李某认为由于被告公司在装修过程中使用劣质材料,造成有毒气体的产生,导致李某患上血液病,要求 A 公司承担环境侵权损害赔偿责任。A 公司对作为当事人、责任人的地位表示异议,认为不属于"环境污染侵权",基于此,A公司对李某主张的损害赔偿不予认可。

请问:本案中李某所受侵害是否属于环境污染侵害?

专家解析:

本案中李某所受侵害是否属于环境污染侵害关键在于 A 公司的行为是否污染了环境法调整范围中的"环境"。

环境是指人们赖以生存和发展的天然和人工改造过的自然因素的总和。按照功能的不同,可以将环境分为生活环境和生态环境。按照环境范围的大小,可以把环境分为室内环境、城市环境、区域环境、全球环境等。因此,和法律相关的环境不仅指公共环境中的生态环境,理所当然的包括公民居所中由空气、光线、声音等要素所构成的室内生活环境。

本案中个人家庭居室内"私人化"小环境的污染是否构成法律意义上的"环境污染,目前的法律法规及司法解释并未予以释明。但根据《中华人民共和国环境保护法》(后简称《环境保护法》)第 2 条之规定,应认为环境是各种自然环境因素的总体,应当既是各种因素综合的总体,也是由各个局部环境结合在一起的总体,而家庭居室内的小环境正是组成总体环境的一个部分。因此,室内环境之污染应当构成法律意义上的"环境污染'。其次,根据《环境保护法》第 41 条"造成环境污染危害的,有责任排除危害,并对直接受到损害的单位或者个人赔偿损失"可以认定,李某主张 A 公司在装修过程中使用劣质材料导致室内空气污染并由此造成李某损害的行为的诉讼可以构成环境污染侵权损害赔偿诉讼。李某选择了环境污染侵权诉讼的途径来救济自己的权利时,法院应当予以受理。

专家支招：

　　本案不仅是一个环境污染侵权案件,也是一个装修产品质量案件。李某可以从举证责任、诉讼成本以及预期赔偿等方面综合衡量,选择最适合自己的救济途径。

2.如何判断污染者的行为属于污染行为?

　　在日常生活中,如果出现了污染后果,该污染后果是属于环境范畴的,且受环境法律法规调节,那么该污染者是否就一定要承担侵权赔偿责任呢? 这个问题的关键就在于该污染者实施的行为是否属于污染行为。

案例：

　　A承包了某村的土地50亩,B在该村经营一个煤矿,A承包的土地与B经营的煤矿在同一个常年流水的山沟里,B煤矿在山沟的上游,A的土地在下游。B煤矿经营多年,在煤矿的周围堆放了大量从矿井内挖掘的煤。

　　某日,天降大雨,煤矿周围堆放的煤块被雨水冲到下游A的土地上,种植的庄稼被大量毁坏,由于从矿井内挖出的煤块含碱量较大,冲到田地内,造成田地的碱化,使土地硬结,产量减少。A的土地70%被毁坏,庄稼颗粒未收。

　　A起诉到法院,要求B赔偿经济损失6万元,其中包括已经减产的庄稼损失 2 万元,被冲毁的土地需要修整的费用 2 万元,由于土地盐碱化、今后种植肯定要减产的损失 2 万元。B 认为 A 的经济损失是自然灾害所致,不同意赔偿。

问:B 是否应当赔偿 A 的损失?

专家解析:

本案中,B 是否应当赔偿 A 的损失,关键在于 B 是否实施了环境污染侵权行为,并对 A 造成了损失。如果 B 本身并未实施环境污染侵权行为,自然不存在赔偿损失的说法。

本案中,B 经营煤矿多年,在煤矿附近堆放煤块,并未对环境造成过污染。因此,单纯的堆放煤块的行为自然不够成污染行为,更谈不上侵权行为。

所谓"侵权行为",是指行为人由于过错侵害人身、财产和其他合法权益,依法应承担民事责任的不法行为,以及依照法律特殊规定应当承担民事责任的其他侵害行为。

一般认为,侵权行为首先是一种民事过错行为,也就是说,侵权行为破坏了法律规定的某种责任——这种责任是在法律上严格规定不许被破坏;侵权行为同时又是对他人造成了伤害的行为,而加害人必须对被伤害人做出赔偿。

所以本案中 B 并未实施环境污染侵权行为,自然不需向 A 赔偿损失。

在本案中,退一步说,即便 B 实施的行为属于环境污染侵权行为,并造成了 A 的损失,也是不需要赔偿 A 损失的。因为本案中说 B 经营煤矿多年,均未污染到环境,当天是因为天降大雨。天降大雨这种事情是不可预测,也是不可避免的,所以造成损失的原因可以归结到"不可抗力",根据我国《环境保护法》的规定,完全由于不可抗拒的自然灾害,并经及时采取合理措施,仍然不能避免造成环境污染损害的,免予责任,B 也不用赔偿 A 的损失。

专家支招:

如果环境污染受害者们遇到案例中的情形,也不是完全得不到赔偿的。根据《环境保护法》的规定,污染者如果想要完全免责,必须对于污染事故的发生完全没有过错,致害原因完全是不可抗力。如果本案中 B 对于堆放点的放置存在过错,或者在事故发生后没用采取合理措施,这些都是需要承担责任的。

3.环境污染案件能否运用刑事手段解决?

在社会实践中,造成环境污染的大部分都是企业工厂,而环境污染受害者相对企业工厂而言,是毫无疑问的弱势群体。绝大多数环境污染受害者在维权道路上不可避免地会遇到调查难、举证难、索赔难的问题。那么,作为弱势主体的环境污染受害者能否运用刑事手段,借助公检法的力量为自己维权呢?

案例:

山西省运城市天马文化用纸厂(以下简称天马纸厂)投产于 1995 年,年实际生产能力为 2000 吨,其含有挥发酚等物质的废水未经处理排到附近一个壕坑内。后因坑内废水超量存放决口,流入一条自然沟内,这条自然沟与引黄干渠仅有一个闸门分隔。1997年10月14日,厂长杨军武安排工人修理闸门时,提起闸门,使造纸废水进入引黄干渠,废水随后通过引黄干渠流入樊村水库,致使41万立方米饮用水体污染,北城供水中断供水3天,造成直接经济损失42.9万元。

案发后,运城地区环保局于1997年10月27日向山西省环保局作了报告。随后当地环保部门通过取证,初步认定这起污染事故造成的直接经济损失数额巨大,已触犯1997年10月1日生效的新《刑法》,因而在对该厂罚款129万元的同时,于1997年11月13日将案件移送司法部门。1997年11月14日运城市公安局以涉嫌犯有重大环境污染事故罪,将杨军武刑事拘留;12月4日,经运城市检察院批准逮捕。期间,因为涉及《刑法》第338条关于"有毒物质"的界定,国家环保总局应运城市公安局的要求,于1998年4月9日复函该局,认定挥发酚属于"有毒物质"。

1998年8月20日,运城市检察院向运城市人民法院提起公诉。经审理,运城市人民法院于9月17日作出一审判决:天马纸厂厂长杨军武因触犯《刑法》第338条关于"重大环境污染事故罪",被判处有期徒刑2年,并处罚金50000元;判令天马纸厂赔偿经济损失358815元。至此,全国第一起环境污染犯罪案初步审理结束。

专家解析:

重大环境污染事故罪是1997年修订刑法时新增加的罪名(现修改为污染环境罪,刑法第三百三十八条规定,"违反国家规定,向土地、水体、大气排放、倾倒或者处置有放射性的废物、含传染病病原体的废物、有毒物质或者其他危险废物,造成重大环境污染事故,致使公私财产遭受重大损失或者人身伤亡的严重后果的，处三年以下有期徒刑或者拘役，并处或者单处罚金；后果特别严重的，处三年以上七年以下有期徒刑，并处罚金。"）本案中，天马纸厂厂长杨军武符合刑法对重大环境污染事故罪的构成条件，分析如下：

一是符合污染环境罪的主体特征。本罪主体是任何达到刑事责任年龄、具有刑事责任能力的自然人。司法实践中，本罪主体主要是那些能够产生危险废物并足以造成环境污染的企业、事业单位以及那些与排放、倾倒或者处置危险废物有关的直接相关人员。据此，杨军武作为天马纸厂厂长，是处置危险废物造成污染的直接责任人，符合刑法对主体特征的规定。

二是符合污染环境罪的主观特征。构成本罪必须是出于过失，否则不能以本罪论。这种过失是指行为人对造成环境污染，致公私财产遭受重大损失或者人身伤亡严重后果的心理态度而言，行为人对这种事故及其后果本应预见，但由于疏忽大意而没有预见，或者虽已预见到但轻信能够避免。至于行为人对违反国家规定排放、倾倒、处置危险废物这一行为本身有时则常常是有意为之，但这并不影响本罪的过失犯罪性质。本案中，天马造纸厂是应取缔的企业，而且废水未经处理直接排放，该造纸厂应当知道其排放污水的行为会污染环境，但其没有意识到会造成 41 万立方米饮用水体污染，北城中断供水 3 天，造成直接经济损失 42.9 万元的这一后果，仍然打开闸门让污水泄入饮用水体，足以说明其放任饮用水遭受污染结果发生的心态。

三是符合污染环境罪的客体特征。本罪侵犯的客体是国家防治环境污染的管理制度。为了防治环境污染、保护和改善生活、生态环境，国家先后制定了《环境保护法》、《大气污染防治法》、《水污染防治法》、《海洋环境保护法》、《固体废物污染环境防治法》等法律,以及《放射防护条例》、《工业"三废"排放试行标准》、《农药安全使用条例》等一系列专门法规。违反这些法律、法规的规定,构成犯罪行为,就是侵犯国家对自然环境的保护和管理制度。本案中,天马纸厂是属于《国务院关于环境保护若干问题的决定》明令在 1996 年 9 月 30 日前取缔的企业,其大量废水排入饮用水体,又违反了《水污染防治法》。

四是符合污染环境罪的客观特征。本罪在客观方面表现为违反国家规定,向土地,水体和大气排放倾倒或者处置有放射性的废物、含传染病病原体的废物、有毒物质或者其他危险废物,造成环境污染,致使公私财产遭受重大损失或者人身伤亡的严重后果的行为。

1.实施排放、倾倒和处置行为。

其中排放是指把各种放射性的废物、含传染病病原体的废物、有毒物质或者其他危险废物排入土地、水体、大气的行为,包括泵出、溢出、泄出、喷出、倒出等,倾倒是指通过船舶、航空器、平台或者其他载运工具,向土地、水体、大气倾卸危险废物的行为;处置是指以焚烧、填埋或其他改变危险废物属性的方式处理危险废物或者将其置于特定场所或者设施并不再取回的行为。

2.必须造成了环境污染,致使公私财产遭受重大损失或者人身伤亡的严重后果。

本罪属结果犯,行为人所实施的危害行为是否构成犯罪,应判断该危害行为所造成的后果是否达到。否则不能以犯罪论处。关于严重后果的标准,最高人民法院与最高人民检察院也出台了《最高人民法院、最高人民检察院关于办理环境污染刑事案件适用法律若干问题的解释》

进行细化。

专家支招：

1997年修订刑法时新增加的重大环境污染事故罪,现修改为污染环境罪,标志着我国环保法制工作走上行政执法与环境司法并重的轨道,有利于环境保护工作的深入开展,也让广大环境污染受害者在维护自身权益的时候多了条维权道路。

刑法中分别规定了污染环境罪(《刑法》第三百三十八条)、非法处置进口的固体废物罪(《刑法》第三百三十九条)、擅自进口固体废物罪(《刑法》第三百三十九条)、环境监管失职罪(《刑法》第四百零八条)这四项罪名,同时,最高人民法院与最高人民检察院也出台了《最高人民法院、最高人民检察院关于办理环境污染刑事案件适用法律若干问题的解释》对上述四项罪名进行了细化规定。

当环境污染受害者发现污染者的行为符合上述四项罪名的构成要件时,基于《关于办理环境污染犯罪案件的若干规定(试行)》,可通过向各级公安机关报案与各级环境保护行政主管部门（常见的即各级环保局)举报的方式,借助国家行政机关与司法机关的力量,维护自身合法权益。

附：

《刑法》第三百三十八条 违反国家规定,向土地、水体、大气排放、倾倒或者处置有放射性的废物、含传染病病原体的废物、有毒物质或者其他危险废物,造成重大环境污染事故,致使公私财产遭受重大损失或者人身伤亡的严重后果的,处三年以下有期徒刑或者拘役,并处或者单处罚金;后果特别严重的,处三年以上七年以下有期徒刑,并处罚金。

第三百三十九条 违反国家规定,将境外的固体废物进境倾倒、堆放、处置的,处五年以下有期徒刑或者拘役,并处罚金;造成重大环境污染事故,致使公私财产遭受重大损失或者严重危害人体健康的,处五年以上十年以下有期徒刑,并处罚金;后果特别严重的,处十年以上有期徒刑,并处罚金。

未经国务院有关主管部门许可,擅自进口固体废物用作原料,造成重大环境污染事故,致使公私财产遭受重大损失或者严重危害人体健康的,处五年以下有期徒刑或者拘役,并处罚金;后果特别严重的,处五年以上十年以下有期徒刑,并处罚金。

以原料利用为名,进口不能用作原料的固体废物的,依照本法第一百五十五条的规定定罪处罚。

第四百零八条 负有环境保护监督管理职责的国家机关工作人员严重不负责任,导致发生重大环境污染事故,致使公私财产遭受重大损失或者造成人身伤亡的严重后果的,处三年以下有期徒刑或者拘役。

《最高人民法院、最高人民检察院关于办理环境污染刑事案件适用法律若干问题的解释》部分相关内容:

第一条 实施刑法第三百三十八条规定的行为,具有下列情形之一的,应当认定为"严重污染环境":

(一)在饮用水水源一级保护区、自然保护区核心区排放、倾倒、处置有放射性的废物、含传染病病原体的废物、有毒物质的;

(二)非法排放、倾倒、处置危险废物三吨以上的;

(三)非法排放含重金属、持久性有机污染物等严重危害环境、损害人体健康的污染物超过国家污染物排放标准或者省、自治区、直辖市人民政府根据法律授权制定的污染物排放标准三倍以上的;

(四)私设暗管或者利用渗井、渗坑、裂隙、溶洞等排放、倾倒、处置有放射性的废物、含传染病病原体的废物、有毒物质的;

(五)两年内曾因违反国家规定,排放、倾倒、处置有放射性的废物、含传染病病原体的废物、有毒物质受过两次以上行政处罚,又实施前列行为的;

(六)致使乡镇以上集中式饮用水水源取水中断十二小时以上的;

(七)致使基本农田、防护林地、特种用途林地五亩以上,其他农用地十亩以上,其他土地二十亩以上基本功能丧失或者遭受永久性破坏的;

(八)致使森林或者其他林木死亡五十立方米以上,或者幼树死亡二千五百株以上的;

(九)致使公私财产损失三十万元以上的;

(十)致使疏散、转移群众五千人以上的;

(十一)致使三十人以上中毒的;

(十二)致使三人以上轻伤、轻度残疾或者器官组织损伤导致一般功能障碍的;

(十三)致使一人以上重伤、中度残疾或者器官组织损伤导致严重功能障碍的;

(十四)其他严重污染环境的情形。

第二条 实施刑法第三百三十九条、第四百零八条规定的行为,具有本解释第一条第六项至第十三项规定情形之一的,应当认定为"致使公私财产遭受重大损失或者严重危害人体健康"或者"致使公私财产遭受重大损失或者造成人身伤亡的严重后果"。

4.环境污染行为人承担了刑事责任就可以免除民事责任了吗?

上文说到如果遇到比较棘手的环境污染行为人，作为弱势群体的受害者可以借助国家公权力的力量,采用刑事手段来维护自己的权利。但是，受害者不免会有一个疑问，如果环境污染行为人受到了刑事处罚,那么还需要承担民事责任吗?

案例:

2010 年 5 月初,南京市某化工有限公司(以下简称 A 公司)从事金属件镀锌加工。该公司厂房内有两条镀锌生产线,现场没有配套污染物处理设施,电镀生产产生的废水直接排入厂房东侧的河流里,A 公司总经理陈某某并未办理相关的工商手续与环保审批手续。2011 年 6 月,家住 A 公司附近的杜某发现自己出现了头昏、呕吐等不良反应,遂到医院检查身体,被诊断为铬中毒,构成伤残。杜某怀疑是 A 公司排放废水所致,遂与 A 公司进行联系,A 公司置之不理。杜某被逼无奈,向南京市环保局进行了反应。南京市环保局执法人员对该电镀废水进行现场采样,发现该电镀生产线排放的部分废水中六价铬含量为 260mg ／ L。而根据《电镀污染物排放标准》,新建企业水污染物排放浓度限值中六价铬限值为 0.2mg/L,超标 1299 倍。南京市环保局认为陈某某的行为涉嫌"污染环境罪",依法将案件移送至公安机关处理。后经人民法院审判,判决判处有期徒刑 1 年,处罚金 4000 元。但杜某向陈某要求赔偿,陈某某称自己已被判刑,并缴纳了罚金,即不用承担相应的民事赔偿责任了。

请问：本案中陈某某需要承担民事赔偿责任吗？

专家解析：

本案中，陈某某所经营的 A 公司并未办理相关的工商手续，所以在法律上 A 公司是不存在的，一切法律后果应由陈某某承担。

陈某某将废水直接排放在河流中，且废水中六价铬含量超标 1299 倍，根据《刑法》第三百三十八条规定："违反国家规定，排放、倾倒或者处置有放射性的废物、含传染病病原体的废物、有毒物质或者其他有害物质，严重污染环境的，处三年以下有期徒刑或者拘役，并处或者单处罚金；后果特别严重的，处三年以上七年以下有期徒刑，并处罚金"及《最高人民法院、最高人民检察院关于办理环境污染刑事案件适用法律若干问题的解释》中第一条的规定，"实施刑法第三百三十八条规定的行为，具有下列情形之一的，应当认定为'严重污染环境'：……非法排放含重金属、持久性有机污染物等严重危害环境、损害人体健康的污染物超过国家污染物排放标准或者省、自治区、直辖市人民政府根据法律授权制定的污染物排放标准三倍以上的……"，人民法院判决陈某某有期徒刑 1 年，处罚金 4000 元是合法的。

那么，陈某某承担刑事责任后，民事责任还要不要承担呢？

本案中，杜某向陈某某要求赔偿时基于环境污染侵权关系，根据《中华人民共和国侵权责任法》第四条的规定，"侵权人因同一行为应当承担行政责任或者刑事责任的，不影响依法承担侵权责任。"所以陈某某仍应向杜某承担民事赔偿责任。

专家支招：

环境污染侵权案件中如果同时出现了民事责任与刑事责任的情

形,承担刑事责任是不影响民事责任的承担的。这一法律条文是规定在《侵权责任法》中的,也就意味着这一规定并不仅仅限于环境污染侵权案件。只要是侵权案件,无论是因为环境污染还是交通事故,这一条文都是适用的。

刑事犯罪行为的受害人由于被告人的犯罪行为而遭受物质损失,依法要追究其侵权责任的,原则上应当在刑事诉讼过程中提起附带民事诉讼。如果是国家财产、集体财产遭受损失的,人民检察院在提起公诉的时候,可以提起附带民事诉讼。如果被害人或者近亲属在刑事案件审理终结之后提起民事赔偿诉讼的,不再属于附带民事诉讼,而属于一个单独的民事诉讼,由民事审判庭另案审理。

至于刑事附带民事诉讼与单独民事诉讼的区别,以及采取哪种方式更有利于维权,将在"环境污染侵权赔偿可以要求哪些项目"一节中具体阐述。

5.当污染者的财产不够支付全部罚金时,应如何分配?

上文说到一个环境污染侵权案件,如果同时也构成刑事犯罪,那么承担刑事责任是不影响承担侵权责任(即民事责任)的。但是根据我国刑法的规定,刑事责任中有一种刑罚方式叫做"罚金",也是需要环境污染者支付的。那么,在实务中,就会经常出现污染者的财产不足以支付罚金与民事赔偿的情形,这该怎么办呢?

案例:

关某是天津市某酸洗厂老板,负责污水处理事宜。2013年开始,关某接设管道,然后用水泵向厂外的小河内排放酸洗钢材所产生的废水4吨多。当地主管部门人员晚上在夜查时,发现该厂有排放废水现象,于是进行了录像,并进行了检测。认定该厂排放危险废水后,他们立即报警。经天津市环境监测中心监测,所排放的废水酸碱性 pH 值小于2,属于危险废物。同时发现,因该酸洗厂的排放行为,导致附近养鱼的李某损失5万余元。李某也向法院提起刑事附带民事诉讼,请求关某赔偿自己损失5万元。庭审中,二被告人均承认指控事实。法院以污染环境罪判处被告人关某有期徒刑1年,并处罚金3万元,并判决关某依法赔偿李某5万元。但关某由于经营不善,所有资产仅价值3万元。

请问:这3万元应当如何分配?

专家解析:

根据《中华人民共和国刑法修正案(八)》第四十六条规定:污染环境罪是指"违反国家规定,排放、倾倒或者处置有放射性的废物、有毒物质或者其他有害物质,严重污染环境的行为。"本罪的主体为一般主体,即凡是达到刑事责任年龄,具有刑事责任能力的人,均可构成本罪。单位也可以成为本罪主体。根据《最高人民法院、最高人民检察院关于办理环境污染刑事案件适用法律若干问题的解释》的规定,实施《刑法》第三百三十八条规定的行为,非法排放、倾倒、处置危险废物3吨以上的,应认定为"严重污染环境"。本案中,关某用水泵向厂外污水沟内排放酸洗钢材所产生的废水4吨多,符合上述规定的情形。因此,关某的行为构成了污染环境罪。

根据判决,关某需要承担罚金3万元,赔偿5万元,但关某仅有3万元。根据《中华人民共和国侵权责任法》第四条的规定,"侵权人因同一行为应当承担行政责任或者刑事责任的,不影响依法承担侵权责任。

因同一行为应当承担侵权责任和行政责任、刑事责任,侵权人的财产不足以支付的,先承担侵权责任。"应当优先承担侵权责任,因此这3万元应当全部支付给李某。

专家支招:

虽然根据《中华人民共和国侵权责任法》第四条的规定,因同一行为应当承担侵权责任和行政责任、刑事责任,侵权人的财产不足以支付的,先承担侵权责任,但这是在已经提出民事赔偿请求情形下。如果本案中,李某没有提起刑事附带民事诉讼,而是等刑事案件终结后另行提起单独的民事诉讼,就会导致关某的所有财产被执行用于支付罚金。虽然李某请求民事赔偿的权利还在,但是由于关某的支付能力,是很难拿到赔偿款项的。

6. 环境污染者为两人以上时,他们的侵权责任如何分配?

在一般的环境污染案件中,实施环境污染侵权的行为人(即污染者)往往不是一个人。那么,在环境污染者为两人以上时,他们的侵权责任如何分配呢?

案例:

位于县城北郊的某化肥厂与染料厂均有一条排放污水的管道通向河流,这两条管道途经一个水库,村民张某承包了该水库用于养鱼。某日,张某发现两条排污管道有漏水现象,即向化肥厂与染料厂反映,并要求染料厂与化肥厂采取措施防止漏水。两家工厂对此置之不理。一个月后,张某鱼塘里的鱼全部死光,经济损失 21600 元。经调查、检验,系管道漏出的污水流入鱼塘,造成水污染致鱼死亡,且两家工厂泄露的污水均足以致鱼死亡。张某要求染料厂与化肥厂赔偿损失,请问他们的侵权责任如何分配呢?

专家解析:

本案属于环境污染侵权案件,环境污染人(即侵权人)有两个:化肥厂、染料厂。这两家工厂造成污染的原因都是因为排污管道泄露,故均属过失。而且经调查,两家工厂泄露的污水均足以致鱼死亡。

根据《中华人民共和国侵权责任法》第十一条的规定"二人以上分别实施侵权行为造成同一损害,每个人的侵权行为都足以造成全部损害的,行为人承担连带责任。"因此,化肥厂与染料厂应当承担连带责任。

所谓连带责任,是指依照法律规定或者当事人约定,两个或者两个以上当事人对其共同债务全部承担或部分承担,并能因此引起其内部债务关系的一种民事责任。当责任人为多人时,每个人都负有清偿全部债务的责任,各责任人之间有连带关系。

虽然对于受害者来说,知道两个污染者承担连带责任就可以了,也是最好的结果了。但是本案中作为承担连带责任的两家工厂内部还是需要分配下责任的。本案中均是泄露导致的污染,两家泄露的污水均能把所有鱼致死,所有致害原因大小很难确定,根据《中华人民共和国侵权责任法》第十四条的规定,"连带责任人根据各自责任大小确定相应的赔偿数额;难以确定责任大小的,平均承担赔偿责任。支付超出自己赔偿数额的连带责任人,有权向其他连带责任人追偿。"化肥厂与染料厂应各自承担50%的责任。

专家支招:

因为《民法通则》规定,连带债务人都有义务向债权人清偿债务(也就是说,债权人可同时或先后要求连带债务人全体或部分或一人履行全部或部分义务),所以污染者们承担连带责任对受害者来说是一个极大的保障。那么,了解在环境污染者为两人以上时,他们的侵权责任如何分配就很有必要。

1.二人以上共同实施侵权行为,造成他人损害的,应当承担连带责任。

2.教唆、帮助他人实施侵权行为的,应当与行为人承担连带责任。教唆、帮助无民事行为能力人、限制民事行为能力人实施侵权行为的,应当承担侵权责任;该无民事行为能力人、限制民事行为能力人的监护人未尽到监护责任的,应当承担相应的责任。

3.二人以上实施危及他人人身、财产安全的行为,其中一人或者数人的行为造成他人损害,能够确定具体侵权人的,由侵权人承担责任;不能确定具体侵权人的,行为人承担连带责任。

4.二人以上分别实施侵权行为造成同一损害,每个人的侵权行为都足以造成全部损害的,行为人承担连带责任。

5.二人以上分别实施侵权行为造成同一损害,能够确定责任大小的,各自承担相应的责任;难以确定责任大小的,平均承担赔偿责任。

7.环境污染侵权案件如何举证？

在传统的民事诉讼中遵循的是"谁主张、谁举证"的原则，这一原则在环境污染损害赔偿诉讼中却无法得到完全的实施。因为在科学技术高度发达、生产工艺技术极其复杂的情况下，要让无技术装备条件的受害人举出从事了何种侵权行为，其侵害行为与受害人所受损害之间有什么样的因果关系，以及侵害人主观上有无故意和过失的证据，将是十分困难的。那么，关于环境污染侵权案件，受害者应当如何举证呢？

案例 1：

江苏省南京市一中学生李某从 1989 年 10 月出生后就居住在石化炼油厂生活区。居住地南边是液化气罐装站，该站经常漏气；东边是制造压力容器的工程队，该队主要是就地进行射线探伤，对容器喷漆；北边是炼油厂的生产装置；西北边是炼油厂火炬，排放出的火炬气含有害物质。李某住处的东边是炼油厂排污未封闭地带，北边是焦化装置。

2004 年，李某被诊断出患了急性混合型白血病，其家人认为是周围环境污染造成的。但石化炼油厂认为：该厂一直进行密闭生产，环保部门还对排污进行了非常严格的监控，排放完全达标；生活区居住了许多人，与李某同龄的人中只有她一个不幸患病，具体致病原因可能有多种。

请问：石化炼油厂的抗辩是否有道理？

专家解析：

在本案中,石化炼油厂显然是实施了污染环境的行为,因为李某居住地南边是液化气罐装站,该站经常漏气;东边是制造压力容器的工程队,该队主要是就地进行射线探伤,对容器喷漆;北边是炼油厂的生产装置;西北边是炼油厂火炬,排放出的火炬气含有害物质。而李某被诊断出患了急性混合型白血病。

现在要解决的一个关键问题是,石化炼油厂的排污行为是否与李某患有急性混合型白血病之间存在因果关系,也就是李某患病是否因石化炼油厂排放污染物所造成,而这也正是石化炼油厂的一个抗辩理由。

最高人民法院《关于适用〈民事诉讼法〉若干问题的意见》第七十四条规定,因环境污染引起的损害赔偿诉讼实行"举证责任倒置"。

也就是说,在环境侵权案件中,只要受害人提供初步证据证明自己受到损害的事实,举证责任就转移到加害人一方,如果加害人不能证明损害后果不是其造成的,那么就可推定加害人的行为与损害事实之间具有因果关系,加害人应当承担民事责任。

《最高人民法院关于民事诉讼证据的若干规定》第四条进一步指出:"因环境污染引起的损害赔偿诉讼,由加害人就法律规定的免责事由及其行为与损害结果之间不存在因果关系承担举证责任。"这是因为环境污染往往涉及高深的科技活动,污染造成的损害具有积累性、潜伏性、广泛性的特点,如果在环境侵权中仅以环境科学证明直接因果关系,很可能陷入科学争论而无法使受害人的请求得到救济,这种法律役于科技的负面效果应当尽量避免。所以,石化炼油厂应当提供证据证明自己的排污行为没有造成李某患病的结果,也就是二者之间没有因果关系,否则就推定因果关系存在。

案例2:

某市郊四个村委会起诉位于该市郊的水泥厂。原告诉称,被告在生产水泥过程中超标排放粉尘,污染环境,影响农作物生长和人畜健康,给原告造成了损害。因而请求赔偿 11 年的经济损失共约 693 万元,要求水泥厂停产或搬迁。被告辩称,水泥厂因建于十年动乱时期,初期的确有超标排污问题,但自《环境保护法(试行)》及其他相关法律公布以来,经过治理,排尘已经达标,成分性能与一般尘土相同,而不是水泥粉尘,因此不必承担责任。该市中院审理此案,认为原告起诉依据是以硅酸盐水泥粉尘为研究对象的试验结论,而调查化验发现被告排放粉尘主要为未经煅烧的生料粉尘。生料粉尘的危害尚无确切研究结果和定论。原告无法提供确切证据,因此不予完全支持。而被告以前确实曾有长期超标排放的行为,因此判决被告赔偿该时期的损害,并一次性赔偿原告 35 万元。

请问:该中院的判决是否恰当? 为什么?

专家解析:

该中院的审理过程不太恰当。本案中原告证实了被告有排放行为、自己产生了污染后果,原告并因此提出被告污染环境引起损害而请求赔偿的,被告否认侵权事实,由被告负责举证。本案中,应由水泥厂承担证明生料粉尘无害的责任,而不应由原告证明生料粉尘有害。水泥厂无法证明的,即视为该事实成立。对于超标排放的损害应予赔偿的判决是恰当的。

如果本案中水泥厂认为导致原告受损的原因并非排放粉尘,那么因为根据《最高人民法院关于民事诉讼证据的若干规定》第四条的规定，"因环境污染引起的损害赔偿诉讼，由加害人就法律规定的免责事由及其行为与损害结果之间不存在因果关系承担举证责任。"水泥厂应该承担举证责任，如果水泥厂不能证明二者之间不存在关系，那么就应当认为二者之间是有因果关系的。

环境民事法律责任的承担不要求行为的违法性，因此仅仅以是否超标排放来划分是不正确的，这至多是其损害事实的一个证据。

本案中，被告无法证明其排放物无害时，根据法律规定，应推定存在因果关系，应由他承担赔偿责任。同时，应充分考虑自然灾害、气候等其他原因造成的损害，分清被告承担责任的大小。

专家支招：

举证责任，是指当事人应就其主张的事实提供证据加以证明的责任。受理法院根据一定的规则将举证责任在争议当事人之间进行分配。我国民事诉讼法确立的举证责任分配的一般规则是"谁主张，谁举证"，即当事人在诉讼中谁主张待证案件事实成立，谁就对证明对象负有举证责任。

但在某些特殊情况下，法律则规定了举证责任倒置原则，环境污染侵权损害赔偿案件即属此类。所谓举证责任倒置，是指原告提出的主张不由其提供证据加以证明，而由被告承担举证责任。举证责任倒置包括实行过错推定和因果关系推定。在现行的特殊侵权案件中，举证责任倒置或适用过错推定，或适用因果关系推定。在对环境污染侵权案件审理过程中，法院根据案件性质，将要求加害人对环境污染行为与损害结果之间不存在因果关系和免责事由承担举证责任。

免责事由及其行为与损害结果之间不存在因果关系的举证责任由污染者承担是因为污染者相对受害者具有优势地位。为了保护弱势群体,将部分责任部分转移。但举证责任部分转移并不意味着受害者不需要承担举证责任。受害者认为自己受到的损害是由某种污染行为造成的,也要求有一定的根据。因此需要承担如下的证明责任:

首先,受害者需要证明污染者有实施污染行为。一个环境污染行为究竟属于什么污染行为,致害因素是什么样的,这种判定需要一定的物理化学知识,受害者一般是缺乏这种能力的,很难能提供这方面的证据。但根据法律规定,受害者需要提供证据证明污染者实施了污染行为,至于这种污染行为是不是导致受害者受损的原因,即因果关系是否成立的举证责任,是由污染者承担的。

其次,受害者需要提供存在损害事实的证据。没有损害事实,又谈何损害请求呢?因此,受害者在维权的时候往往会遇到这么一难题:污染损害所造成的损失价值如何提供证据?由于环境污染侵权案件的特殊性,当事人往往无法提供准确的数据证明其损失的价值。即使选择合法的鉴定、评估机构进行鉴定,也很难鉴定出具体数据。比如,工厂排污,导致附近渔民承包的鱼塘受损,但水中的鱼损失了多少,却很难提供证据证明。但受害者可提供其购买鱼苗的花销的证据(比如发票)证明鱼的品种、数量、养殖时间及相关市场价格,或其他季度、年份与受害时段从事养殖业的收益差异,进行综合证明。如有条件,建议最好还是经过专业机构评估。

8.不可抗力造成的环境污染案件侵权行为人 能否免责?

上文在介绍环境污染侵权案件中的举证责任时有提到"因环境污染引起的损害赔偿诉讼,由加害人就法律规定的免责事由及其行为与损害结果之间不存在因果关系承担举证责任。"这么一条规定。自然,如果污染者提出有关"免责事由"的证据证明存在"免责事由",污染者就可以免除责任了。环境污染侵权案件中的"免责事由"包括不可抗力、第三人过错造成损害后果、其他免责条件。所谓不可抗力,在我国《民法通则》上是指"不能预见、不能避免和不能克服的客观情况",常见的为自然灾害,等等,那么,是不是所有不可抗力造成的环境污染后果,污染者都可以免责呢?

案例:

红星化肥厂通过专用明渠向长江排放生产废水,渠道附近洼地有许多被当地农民承包的鱼塘。1998 年 6 月暴雨连天,加上汛期来临上游洪水使江水猛涨,堤外水面逐渐接近堤内地面,致使排污渠内废水自然入江受阻,漫溢流入鱼塘。鱼塘承包人遂与化肥厂交涉,要求采取措施,阻止废水漫溢致鱼死亡。化肥厂对此请求并未予理睬,数日后鱼塘里出现死鱼现象。

于是鱼塘承包人联合向化肥厂提出排除废水侵害和赔偿死鱼损失请求,并向当地环境保护部门报告,要求处理此污染纠纷。化肥厂在鱼塘承包人提出赔偿请求后, 立即在排污渠入江闸门处安装了两台大功率水泵,将废水扬高排入江中。在环境保护部门处理纠纷期间,当地暴雨不断,长江洪峰多发,以至外洪内涝,排污渠鱼塘水面连成了一片。鱼塘里的鱼部分被大水冲走,剩下的也被废水呛死。对此,鱼塘承包人要求化肥厂赔偿其全部财产损失。化肥厂则以洪水,暴雨为不可抗力为由拒绝赔偿。

专家解析:

环境污染致害的免责事由中包括不可抗力。但我国《环境保护法》对不可抗力因素造成损害的责任作出了如下规定:完全由于不可抗拒的自然灾害,并经及时采取合理措施,仍然不能避免造成环境污染损害的,免予责任。

本案中,化肥厂不能以不可抗力为由拒绝赔偿全部损失。对因"排污渠内废水自然入江受阻,漫溢流入鱼塘"造成的财产损失应予赔偿。对因"当地连降暴雨,以至外洪内涝,排污渠与鱼塘水面连成了一片"造成的财产损失可以不可抗力为由,不承担赔偿责任。

专家支招:

受害者如果遇到侵权行为人要主张因不可抗力而免除责任,就需要对不可抗力的免责条件进行分析,这种免责条件需要具备以下三个条件:

(1)民法通则规定的不可抗力指的是不可预见、不可避免并不能克服的客观情况,而作为环境污染致害免责事由的不可抗力是指不可抗拒的自然灾害,显然后者的外延更为狭窄;

(2)不可抗拒的自然灾害,必须是导致环境污染致害的唯一原因,若是多个原因的合力导致了环境污染致害,侵权行为人仍可能要承担

责任;

（3）即使因为不可抗拒的自然灾害导致了环境污染,但如果侵权行为人能及时采取合理措施避免损失的发生或防止损失扩大,而侵权行为人未采取的,侵权行为人仍不能主张免责。

9.第三人过错造成的环境污染后果污染者是否要承担责任?

正如上文所述,环境污染侵权案件中的"免责事由"包括不可抗力、第三人过错造成损害后果、其他免责条件。不可抗力类型的环境污染侵权案件已经进行介绍分析了,此处不再赘述。"免责事由"中的"第三人过错"是否一定不要承担过错呢? 或者说,"第三人过错"作为免责事由是否适用于所有的环境污染侵权案件呢?

案例 1:

2000 年 6 月 16 日,一艘悬挂日本国旗的油轮赤丸号在中国黄海海域行驶,该油轮为 2 万吨级巨型油轮,刚好运载了从中东购买的 1.5 万吨原油运往日本,当天,海上天气反常,大雾弥漫在海面上,能见度不到 50 米,偏偏又下起了倾盆大雨,油轮在恶劣的天气中艰难的前进,与此同时,在该油轮右边不远处,还有一条法国大型豪华游艇法兰号也在行驶,该游艇的行驶方向和油轮的行驶方向本来是成平行状态,但法兰号的自动导航仪出现故障,在行驶到距中国山东青岛海岸线 10 公里的海域,偏航 30° 角撞到了赤丸号,在油轮的左船舷撞开了一个长达十米的裂口,造成大量原油泄露,给黄海海域造成严重污染。事故发生后,中国海事局迅速派船赶到出事地点,组织人员打捞泄露的原油,封锁事故现场,防止泄露原油漂流,同时,组织有关专家对事故原因进行了详细的调查,查明事实真相,并向青岛海事法院提起民事诉讼。

那么,赤丸号是否要对原油污染造成的损害后果承担赔偿责任呢?

专家解析:

本案中,"大量原油泄露,给黄海海域造成严重污染",说明,原油泄露造成了"黄海海域严重污染"的污染后果,因此存在环境污染侵权行为。原油本身是存放在油轮赤丸号上的,因此本案中污染者是游轮赤丸号。原油泄漏的原因是法国大型豪华游艇法兰号的自动导航仪出现故障,在行驶到距中国山东青岛海岸线 10 公里的海域,偏航 30° 角撞到了赤丸号,在油轮的左船舷撞开了一个长达十米的裂口,因此法兰号就是本案中的"过错第三人"。那么,赤丸号作为本案中的无过错污染者,究竟要不要承担责任呢?

《海洋环境保护法》第九十条第二款规定:"完全是由于第三者的故意或过失造成污染损害海洋环境的,由第三者承担赔偿责任。"

《水污染防治法》第五十五条第三款和第四款规定:"水污染损失由第三者的故意或过失造成污染损害的,由第三者承担赔偿责任。"(旧法,2008 年 6 月已修改,新法内容参见案例 2)

本案中对船舶的碰撞,赤丸号是在完全不知情的情况下,由于法国游艇法兰号疏于管理,操作失误造成的,而受到污染损害的则是我国黄海海域。相对于污染者——赤丸号和被污染者——中华人民共和国黄海海域来说,法国游艇法兰号是纯粹的"第三者",损害后果完全是因为法国游艇法兰号造成的。根据《海洋环境保护法》的规定,应当由法国游艇法兰号承担赔偿责任,赤丸号可以免责。

案例2：

2007年12月20日，养殖户郑涛发现自己承包的鱼塘出现冬季鱼浮头并有鱼死亡。经查系城市排污管道破裂，污水改道进入鱼塘所致。经调查，发现市政公司在进行排污管道架设的时候是完全符合标准的。只是在2007年10月份的时候，A公司承建了当地的公路修建，A公司在修建公路的时候因施工不慎导致排污管道破裂，致使污水进入郑涛承包的鱼塘。经鉴定，郑涛损失结果达十万余元。郑涛于2008年1月向当地人民法院提起诉讼，要求市政公司赔偿损失。市政公司抗辩称，环境污染的后果完全是A公司的原因导致，自己应当免责。

请问：市政公司的抗辩是否有道理？

专家解析：

本案中，市政公司在建设城市排污系统的时候，城市排污管道是安全合格的。2007年10月该管道发生破裂的原因是因A公司在修建工程时施工不慎造成的，因此A公司属于本案中的"过错第三人"，市政公司是"无过错污染者"。

在案例1中有提到《水污染防治法》第五十五条第三款和第四款规定："水污染损失由第三者的故意或过失造成污染损害的，由第三者承担赔偿责任。"但《水污染防治法》已经进行了修订，新法于2008年6月1日生效。新法中关于水污染侵权案件中涉及"过错第三人"的规定是八十五条第四款的规定，"水污染损害是由第三人造成的，排污方承担赔偿责任后，有权向第三人追偿。"

因此，本案发生于2007年，新《水污染防治法》已然生效，依据新法第八十五条第四款的规定，郑涛既然选择向市政公司要求赔偿，市政公司就应当予以赔偿,其抗辩没有道理。

10. 水污染之外的其他污染案件中,第三人过错能否免责?

上文案例中已经提到,《水污染防治法》在修改前后对第三人过错的规定是不同的,且《海洋环境保护法》对此规定是可以免责的。那么除此之外的其他污染案件,第三人过错能否免责呢?

案例:

A县化工厂以生产化肥为主业,并建有正常的生产安全设施,可确保正常生产经营过程中产生的氯气不会外溢。2001年7月1日晚,张某在化工厂附近燃放烟花爆竹,造成化工厂排气管破裂,导致大量氯气外溢。女工李苗因吸入氯气中毒得了"过敏性支气管哮喘"。李苗家与化工厂距离较近,氯气外溢时随风飘浮到李苗家,李苗的儿子张红也吸入氯气中毒得了"过敏性支气管哮喘"。李苗、张红二人住院治疗花医药费分别为45000元和90000元。二人均被鉴定为五级伤残。A县化工厂支付李苗、张红二人医药费80000元后不愿再承担其他损失。李苗、张红二人于2002年6月起诉到A县人民法院,要求A县化工厂赔偿损失。

请问:A县化工厂是否有免责事由? 李苗、张红二人的损害究竟由谁承担责任?

专家解析:

本案中A县化工厂"建有正常的生产安全设施,可确保正常生产经营过程中产生的氯气不会外溢",也就意味着如果不发生意外导致生产安全设施破损,是不会造成污染环境的后果。又从"张某在化工厂附近燃放烟花爆竹,造成化工厂排气管破裂,导致大量氯气外溢。"这一案情可知,造成氯气外溢这一污染行为产生的原因完全是张某的过错。故,本案中 A 县化工厂为污染者,李苗、张红二人为环境污染受害者,张某为"过错第三人"。本案的关键就在于 A 县化工厂能否因过错第三人免责。

《侵权责任法》第六十八条:因第三人的过错污染环境造成损害的,被侵权人可以向污染者请求赔偿,也可以向第三人请求赔偿。污染者赔偿后,有权向第三人追偿。

因此,如果李苗、张红二人要求 A 县化工厂承担赔偿责任,A 县化工厂还是不能免责的,只是在支付赔偿后可以向张某追偿。

专家支招:

在环境污染侵权案件中,"过错第三人"能否作为环境污染侵权者的免责事由,关键取决于两点:

一、环境污染造成的后果是否完全由第三人的过错造成

如果环境污染造成的后果并非完全由第三人的过错造成,那么无论是哪种污染,都不能作为免责事由;如果造成环境污染后果的原因就是完全因为第三人的过错,那么根据污染的种类与法律规定判断,能否作为免责事由。

二、法律有无对该种环境污染进行明文规定

《侵权责任法》第六十八条对环境污染侵权案件中的"过错第三人"的责任承担问题进行了一般性的规定,"因第三人的过错污染环境造成损害的,被侵权人可以向污染者请求赔偿,也可以向第三人请求赔偿。

污染者赔偿后，有权向第三人追偿"，即只要没有法律明文特别规定，"过错第三人"是不可以作为免责事由的。

目前,有明文规定的可以作为免责事由的情形就是《海洋环境保护法》第九十条造成海洋环境污染损害的责任者,应当排除危害,并赔偿损失;完全由于第三者的故意或者过失,造成海洋环境污染损害的,由第三者排除危害,并承担赔偿责任。

11."合法排污"造成的损失也要承担责任吗?

在社会生活中,很多化工、医药性质的公司企业在正常的生产经营中不可避免的要产生一定的污染,因此,国家专门对此类公司企业的排污进行了规定,制定了相关的标准。很多企业也在国家的规定内进行生产经营、排放污水及有害气体等。但在国家标准内进行排污并非不会造成环境污染的后果。如果这些公司、企业的"合法排污"行为造成了其他人的合法权益损害的后果,那么赔偿责任应该由谁来承担呢?

案例:

2003 年 8 月,张某承包了靖边县芦河某一河段养鱼。张某当年向该水库投放鱼苗 22.5 万尾, 次年又投放 42 万尾,2005 年再次投放 56 万尾,三年共计投放鱼苗 120.5 万尾。2005 年 7 月 31 日左右,张某发现该河段出现大量死鱼,损失严重。于是,张某就向有关部门进行反映。经过调查,发现张某养殖的鱼苗死亡的原因是因为芦河上游的一家化工厂 A 在上游排放含有化工元素的污水,致水严重污染,鱼类中毒。随

后,张某就向当地法院提起诉讼,要求 A 化工厂赔偿直接经济损失 150
万元。

A 化工厂辩称:我工厂在靖边从事生产经营,十分重视环境保护。
我工厂虽然确实有向芦河排放污水的行为,但是完全符合国家规定的
标准,并无违法违规的行为。因此,张某所诉事实不能成立,应依法驳回
其诉讼请求。

请问:A 化工厂的辩称是否有道理?

专家解析:

《环境保护法》第四十一条规定:"造成环境污染危害的,有责任排
除危害,并对直接受到损害的单位或者个人赔偿损失。"这里没有要求
存在过错,因为:客观上,环境侵权现象的确有着与一般侵权截然不同
的现实特征。一般侵权领域的加害行为,如伤害他人身体的行为本身就
是法律所禁止、道德上可谴责的;而环境侵权的原因行为,如造纸炼钢,
本身却是法律所允许的,仅从原因行为本身来看,通常也并不具备道德
上的可指责性。正是在这个意义上,我们说,环境损害是人类工业化进
程的副产品和人类文明的伴随物。与原因行为被容许紧密相关的另一
现实是环境侵权后果的不可避免性。一般侵权领域,行为人只要善尽注
意、不做法律所禁止的行为,一般而言就不会对他人合法权益造成损
害;而在环境侵权领域,一旦容许原因行为,则其损害结果往往就是无
法避免的:即使当事人尽到了既定现实条件下所能达到的最高注意,仍
然极有可能无法避免损害结果的发生。例如只要法律上容许机动车辆
的制造和使用,在当前技术条件下就无法避免因尾气排放而造成的空
气污染。

因此,环境侵权民事责任作为一种特殊的侵权责任,适用无过错责

任原则。无论行为人有无过错,只要法律规定应当承担民事责任,行为人即应对其行为所造成的损害承担责任。

专家支招:

与一般侵权责任不同,环境侵权民事责任的构成要件有三个,即实施了污染环境的行为、构成环境损害的事实以及损害与污染环境行为之间存在因果关系。

本案中,A化工厂也承认"向芦河排污",所以存在污染环境的行为;张某所有的鱼苗大量死亡,存在环境损害的事实;造成张某所有的鱼苗大量死亡的原因就是排污行为,所以损害与污染环境的行为之间存在因果关系。

所以,A化工厂的辩称没有道理,应当承担赔偿责任。

12.交纳"排污费"后是否还需要对排污造成的损害承担赔偿责任?

所谓"排污费"是指直接向环境排放污染物的单位和个体工商户按规定向国家缴纳的费用。于是现在经常就会有人提出,企业交纳了排污费,就不用再承担污染损害赔偿责任了,或是说购买了排污权,因行使排污权造成的损害,应由国家从排污费中支付。那么这些说法究竟有没有道理呢?

案例:

甲县某化学漂染厂、化学试剂厂长期将含碱废水通过其排污管道排入离其厂区不远的一条河流,该河河水进入位于乙县的大月湖。2007年四五月份,当地由于长期干旱无雨,湖水水位下降,但工厂排放的含碱废水却没有减少,致使湖水呈碱性。乙县小月村村民李某承包湖面养鱼多年,一直未发生大量死鱼现象。但从2007年6月开始,水面漂浮的死鱼却越来越多。环保部门对湖水监测的结果,pH值为8.8。对死鱼进行化验分析,其结论为受碱水腐蚀而死。经乙县渔业行政管理部门核定,死鱼造成的直接经济损失为25万元。李某沿河找到化学漂染厂、化学试剂厂两家排污单位,要求其赔偿死鱼损失,遭到拒绝。于是李某向乙县人民法院提起诉讼。在案件审理过程中,被告化学漂染厂提交了由甲县环境保护局出具的其排放的废水pH值符合排放标准的监测报告,并认为不应由其承担污染死鱼赔偿责任。化学试剂厂认为,虽然自己排放的废水没有达到排放标准,但已经向环保部门缴纳超标排污费,也不应承担损害赔偿责任。但乙县人民法院仍然判决化学漂染厂向原告李某赔偿10万元,化学试剂厂赔偿15万元。

请问:二被告的辩解是否有道理?

专家解析:

首先,化学漂染厂的辩称是没有道理的。因为《环境保护法》第四十一条规定:"造成环境污染危害的,有责任排除危害,并对直接受到损害的单位或者个人赔偿损失。"该法律条文并未对环境污染者的主观过错进行要求,也就是说,环境污染的损害赔偿实行无过错责任制。无论行为人有无过错,只要法律规定应当承担民事责任,行为人即应对其行为所造成的损害承担责任。本案中,化学漂染厂也承认"排放的废水",所以存在污染环境的行为;李某所有的鱼苗大量死亡,存在环境损害的事实;造成李某的鱼苗大量死亡的原因就是排污行为,所以损害与污染环境的行为之间存在因果关系。因此,化学漂染厂排放的废水 pH 值符合排放标准,但是根据无过错责任原则,化学漂染厂仍然应当承担赔偿责任。因此,化学漂染厂排放的废水 pH 值符合排放标准,但是根据无过错责任原则,化学漂染厂仍然应当承担赔偿责任。

其次,化学试剂厂的辩解也是没有道理的。因为我国排污费制度,是指对于向环境排放污染物或超过国家排放标准排放污染物的排污者,按照污染物的种类、数量和浓度,根据规定征收一定费用的环境保护法律制度。而李某要求化学试剂厂承担赔偿责任,是因为化学试剂厂的行为造成了李某的损失。因此,交纳排污费与赔偿损失是两个概念,本案中化学试剂厂仍需赔偿李某损失。

针对前面所说的另外一个问题,"有人提出,企业交纳了排污费,即购买了排污权,因行使排污权造成的损害,应由国家从排污费中支付。"

关于排污收费,我国制定了《排污费征收使用管理条例》进行规定。根据该条例,可知征收排污费主要用于环境的污染防治,所以收费标准较低。而在具体环境污染案件中,一旦造成环境污染侵权,受害人遭受的损失往往是巨大的,而且由于污染行为的复杂性,损失金额是无法预估的。因此,使用排污费来弥补企业排污造成的一切损失,是远远不够的,也达不到污染防治的要求。因此,排污费与环境污染损失赔偿是不同性质的,自然不可一概而论。

专家支招:

在环境污染侵权案件时,遇到污染者提出各种抗辩的时候,不要被污染者的各种理由所迷惑。只要从环境侵权案件的构成与免责事由上进行分析即可得知污染者的抗辩理由是否有道理。

首先,因为《环境保护法》第四十一条规定:"造成环境污染危害的,有责任排除危害,并对直接受到损害的单位或者个人赔偿损失。"所以环境污染侵权案件的构成只要求存在污染行为、污染后果、污染行为与污染后果之间有因果关系。只要污染者符合上述三个条件,又不存在免责事由,就要承担责任,其他辩解都是没有道理的。

其次,环境污染侵权案件中的"免责事由"包括不可抗力、第三人过错造成损害后果、其他免责条件。

13.环境污染侵权案件谁可以起诉?

正如上文内容所述,环境污染侵权案件的两方当事人污染者与受害者在社会生活中地位往往是不同的,污染者一般为企业、工厂,或多或少会在案件中占据优势地位。自然,受害者作为弱势的一方,有的时候就会不敢或者不能通过诉讼手段维护自己的权益。那么,除了第二篇文章所述的刑事手段外,能否有其他路径维护自身权益了呢?

案例:

2011 年 11 月,某省省环境监察局接到了一封群众投诉信。来信称,A 市某白矾铁矿厂(以下简称 A 工厂)污染环境,将选矿废渣通过河道护坡排放,直接进入河道。废渣被白矾河水冲向下游,影响了下游村庄耕地和居民的生命财产安全。接到举报后,该环境监察局立即派出执法人员进行现场调查。

在检查中,执法人员发现,这家企业将大量废渣倾倒在白矾河治理工程内的河道及护坡上。由于拦渣坝高度不够,少量废渣已进入白矾河治理工程上游河道水体。

此外,按照环评要求,企业应当进行封场的尾矿库仍在使用中,环评要求企业建设的新渣场也尚未建设。

随后,环保部门再次下达责令整改通知,白矾矿业停产整改。A市环保局以公益诉讼原告身份将白矾矿业告上法庭。A工厂抗辩称,A市环保局并非环境污染受害者,无权作为原告向人民法院提起诉讼。

请问:A市环保局能否作为原告向人民法院提起诉讼?

专家解析:

按照传统侵权案件,有权向人民法院提起诉讼的是受到损害的受害者,其他与侵权事实无关的个人、组织是不能作为原告向人民法院提起诉讼的。

自2013年1月1日起,新《民事诉讼法》开始施行。新法第五十五条规定,"对污染环境、侵害众多消费者合法权益等损害社会公共利益的行为,法律规定的机关和有关组织可以向人民法院提起诉讼。"这一规定就突破了以往对原告资格的限制,把环境污染侵权案件原告资格的范围扩大到了"法律规定的机关和有关组织"。

在本案中,A市环保局是主管环境保护的国家行政机关,自然属于"法律规定的机关和有关组织"。因此,A市环保局是有权作为原告向人民法院提起诉讼的,A工厂的抗辩没有道理。

专家支招:

《民事诉讼法》第五十五条规定,"对污染环境、侵害众多消费者合法权益等损害社会公共利益的行为,法律规定的机关和有关组织可以向人民法院提起诉讼。"从目前社会上已出现的经司法机关处理的公益

诉讼(即五十五条中的"由法律规定的机关和有关组织"作为诉讼主体提起的诉讼)来看,可分为三种:

第一种是民间环保社团发起的公益诉讼,诸如中华环保联合会、"绿满江淮"组织,等等;

第二种就是行政机关以自己的名义提起的公益诉讼,比如主管环保的各级环保局、主管海洋事务的海洋管理部门,等等;

第三种就是各级检察机关提起的公益诉讼。人民检察院属于国家的法律监督机关,是具有保护公共利益和制止破坏环境的不法行为的义务的,也可以成为环境公益诉讼的主体。

因此,当环境污染受害者遇到不敢或者不能通过诉讼手段维护自己的权益的时候,就可以向上述三种组织团体反映求助,采用公益诉讼的方式维护自身权益。

14.环境污染受害者应该如何把握维权的时间?

当人们的合法权益受到侵害的时候,维护自己合法权益的方式不止一种。因此,受害者出于各种各样的考量,不一定会首先选择通过诉讼方式进行维权。不过当其他方法走不通的时候,诉讼可能就是必须要选择的一条路了。但向人民法院提起诉讼,又存在一个诉讼时效的问题,所以,如何把握维权的时间就成了维权过程中一个非常重要的问题。

案例:

2001年2月8日,A化肥厂污水坝决口,这次事故所排的废水是

A 化肥厂生产聚氯乙烯生产废水，造成 A 市 428 亩土地、草原被淹。当时，A 市农民不以为意，也确实不知这些污水会给土地、草原造成什么后果。

2001 年 4 月 6 日，被污染的土地的农民发现种植的各种农作物全部死亡，故向当地环保局反应该事。经环保局调查，于 2001 年 7 月 19 日得知：428 亩被淹土地、草原"长久不能利用"，受损金额达 400 万元。次日受害农民就与 A 化肥厂进行交涉，但 A 工厂答复说等待上级处理，于是就把这事暂时搁置。直到 2005 年 6 月 1 日，受害农民向人民法院提起诉讼，请求损害赔偿。在庭审中，A 化肥厂以诉讼时效已过为由，拒绝向受害农民赔偿。

请问：A 化肥厂能否拒绝向受害农民赔偿？

专家解析：

所谓"诉讼时效"是指民事权利受到侵害的权利人在法定的时效期间内不行使权利，当时效期间届满时，人民法院对权利人的权利不再进行保护的制度，也就是说如果受害者没有在规定的"诉讼时效"期间内要求赔偿，人民法院就不再保护受害者请求赔偿的权利。

我国《民法通则》第一百三十五条规定："向人民法院请求保护民事权利的诉讼时效期间为二年，法律另有规定的除外。"《环境保护法》第四十二条规定："因环境污染损害赔偿提起诉讼的时效期间为三年。从当事人知道或者应当知道受到污染损害时起计算"因此，环境污染损害赔偿诉讼的时效为三年。

本案中，受害农民知道受到环境污染损害的时间是 2001 年 7 月 19 日，诉讼时效为三年，即应当在 2004 年 7 月 19 日之前向污染者或人民法院主张权利。受害农民也在 2001 年 7 月 20 日与 A 化肥厂进行了交涉,即请求赔偿。2001年7月20日这一天就发生了诉讼时效中断(诉讼时效的中断是指在诉讼时效期间进行中,因发生一定的法定事由,致使已经经过的时效期间统归无效,待时效中断的事由消除后,诉讼时效期间重新起算。诉讼期间中断的法定事由:1.受害者提起诉讼。2.受害者向污染者请求赔偿。3.污染者同意赔偿。)诉讼时效期间重新计算为2001年7月21日至2004年7月20日。但在此期间,受害农民既没有向人民法院起诉,也没用再要求A化肥厂赔偿,仅在2005年6月1日向人民法院起诉,当时诉讼时效已然过期,人民法院自然不会保护受害农民的权利。因此,本案中A化肥厂是可以拒绝赔偿的。

15.对损害后果不知情的情形,诉讼时效如何把握?

上文说到《环境保护法》第四十二条规定:"因环境污染损害赔偿提起诉讼的时效期间为三年。从当事人知道或者应当知道受到污染损害时起计算",因此环境污染案件的诉讼时效为3年。但是该条规定了,三年的起算点是当事人知道或应当知道,但是如果当事人不知道污染损害,该怎么把握诉讼时效呢?

案例:

张某是A市居民,1980年的时候在A化肥厂附近种植了一片林地。但张某在1981年就去美国奋斗,一直未归,与国内就断了联系。1982年2月8日,A化肥厂污水坝决口,这次事故所排的废水是A化肥厂生产聚氯乙烯生产废水,造成张某的林地被毁。2002年4月6日,张某归国，回到 A 市，发现自己种植林地中的树木全部死亡，遂进行鉴定，损失达百万。张某心想，虽然 A 化肥厂的污染行为是在 20 年以前了，但是我是刚刚才得知啊，所以肯定未过诉讼时效，于是在 2002 年 5 月 1 日向人民法院提起诉讼。在庭审中，A 化肥厂以诉讼时效已过为由，拒绝向张某赔偿。

请问：A 化肥厂能否拒绝向张某赔偿？

专家解析：

本案中，张某虽然于 2002 年 4 月 6 日才归国，得知自己的林木被毁，又在 2002 年 5 月 1 日就提起了诉讼，根据《环境保护法》第四十二条的规定，"因环境污染损害赔偿提起诉讼的时效期间为三年。从当事人知道或者应当知道受到污染损害时起计算"，似乎是应当受到保护的。但我国《民法通则》第一百三十七条规定了诉讼时效的最长期间，"诉讼时效期间从知道或者应当知道权利被侵害时起计算。但是，从权利被侵害之日起超过 20 年的，人民法院不予保护。有特殊情况的，人民法院可以延长诉讼时效期间。"

而张某的权利被侵害之日是 1982 年 2 月 8 日，张某知道自己权利被侵害的时间是 2002 年 4 月 6 日，时间已经超过 20 年。所以，张某已经超过诉讼时效，其诉讼权利不受人民法院保护，A 化肥厂可以拒绝向张某赔偿。

专家支招：

诉讼时效关系到环境污染受害者能否有效的维护自身合法权益，所以把握维权时间就变得尤为重要，法律专家在此建议：

环境污染受害者在得知自己受害的时候，即使不想采用诉讼的手段,也要向污染者要求赔偿,并注意保存相关的证据。比如保留手机短信、EMS 信函及通话录音之类的证据,以确保诉讼时效一直中断。

如果诉讼时效已经过了,环境污染受害者也不用灰心,并非一点希望也没用了,仍然可以向人民法院提起诉讼。因为受害者超过诉讼时效后起诉的,人民法院也是必须受理。而且受理后,如果污染者未提出诉讼时效抗辩,则视为其自动放弃该权利,法院不得依照职权主动适用诉讼时效,应当受理支持受害者诉讼请求。

即使诉讼时效已经过了,也是可以采取一些小手段让它再次中断的。诉讼期间中断的法定事由:1.受害者提起诉讼。2.受害者向污染者请求赔偿。3.污染者同意赔偿。受害者可以选择打电话、发短信等手段与污染者交涉,只要污染者做出"同意赔偿",不管是多少年后赔偿、赔多少,这都构成了中断事由,诉讼时效就可以重新计算了。

16.环境污染侵权赔偿可以要求哪些项目?

❀　　❀　　❀

之前十五篇文章的内容让我们对环境污染侵权案件的如何维权、怎么维权有了个大致了解,但是,在我们已经认定自己的权利受到侵害,准备去维权的时候,准备赔偿项目就成了一个大问题。

案例:

A 涂料厂建于 A 市北环路上,在 A 涂料厂生产过程中,经常会有异味传出。2010 年 5 月 17 日,居住在 A 涂料厂附近的付某闻到 A 涂料厂内的油漆味后,感觉胸闷、气喘、呼吸困难、四肢麻木,经解放军第

150 医院急救后好转出院。5 月 18 日，付某又闻到 A 涂料厂内的油漆味后，再次感觉胸闷、气喘、呼吸困难、四肢麻木，被医院的救护车拉到医院抢救，住院 8 天后好转出院。5 月 26 日，付某及众村民写出了 A 涂料厂油漆污染侵害村民健康的《投诉书》。6 月 28 日，A 涂料厂向付某写出承诺书，承诺因被告气体伤害村民，A 涂料厂负全责，并给付付某赔偿款 6000 元。6 月 29 日，付某又闻到 A 涂料厂内的油漆味，再次感觉胸闷、气喘、呼吸困难、四肢麻木、喘不过来气，付某丈夫将付某送到解放军第 150 医院紧急抢救。6 月 30，付某在医院经查过敏源，检测报告排除了其他过敏。7 月 3 日，《洛阳晚报》以"噪音空气污染扰民，不成"为题，报道了 A 涂料厂近期正在为车间钢架喷漆，造成气味扰民。执法人员已对该厂下达限期纠正违法行为通知书，要求其立即停止生产，并限期补办环评手续，在未办理完善环评审批手续之前，不得生产。7 月 21 日，付某到河科大第一附属医院就诊，诊断为支气管哮喘，又名过敏性哮喘。8 月 13 日，付某又闻到 A 涂料厂内油漆味，再次感到胸闷、气喘、呼吸困难、四肢麻木、喘不过来气，付某丈夫又将原告送到医院紧急抢救。A 涂料厂在向付某写出承诺书和执法人员对其下达限期纠正违法行为通知书之后，仍然非法生产，多次伤害原告。A 涂料厂既不停产，也不给予赔偿。故状诉请求，1.判令被告立即停止污染侵害，关闭非法生产；2.判令被告赔偿原告医疗费、继续治疗费、误工费、陪护费、住院伙食补助费、营养费、交通费、打印复印费、精神抚慰金等损失共计 10 万元；3.由被告承担本案诉讼费用。

请问：付某的诉讼请求有问题么？

专家解析：

《环境保护法》第四十一条规定，"造成环境污染危害的，有责任排除危害,并对直接受到损害的单位或者个人赔偿损失。"即规定了排除危害和赔偿损失两种责任形式。

但是民法通则中规定的十种民事责任中的停止侵害、排除妨碍、消除危险、恢复原状等都能适用于环境民事责任。

赔偿损失是最常见的一种环境民事责任形式。赔偿损失的范围,既包括财产损害赔偿,也包括对人身损害引起的财产损失赔偿;既包括直接损失,也包括间接损失。

本案中原告请求法院判令被告赔偿已花费的医疗费用、后续医疗费、交通费、误工费、住院伙食补助费都属于对人身损害引起的直接损失赔偿,应当予以支持, 当然具体数额应由法官根据实际情况加以调整。至于精神抚慰金则属于精神损害赔偿的范畴。

精神损害抚慰金是指受害人或者死者近亲属因受害人的生命权、健康权、名誉权、人格自由权等人格权利遭受不法侵害而导致其遭受肉体和精神上的痛苦、精神反常折磨或生理、心理上的损害(消极感受)而依法要求侵害人赔偿的精神抚慰费用。最高人民法院《关于确定民事侵权精神损害赔偿责任若干问题的解释》第八条规定:"因侵权致人精神损害,造成严重后果的,人民法院除判令侵权人承担停止侵害、恢复名誉、消除影响、赔礼道歉等民事责任外,可以根据受害人一方的请求判令其赔偿相应的精神损害抚慰金。"据此,本案中付某提出的精神抚慰金的赔偿请求也是可以被法院支持的, 当然具体数额同样应由法官根据实际情况加以调整。

因此,付某的赔偿请求没有问题。

专家支招:

损害赔偿包括财产损害赔偿, 也包括对人身损害引起的财产损失赔偿。所谓财产损害,即污染行为造成的财产方面的损失,具体数额一般经鉴定、评估后得出;但是人身损害的损失究竟包括哪些呢?

为方便受害者维权,这里我们附上赔偿项目与计算公式,以用于受害者估算自己的请求数额。

(一)人身损害的一般赔偿范围(受害人没有达到残疾级别)

1.医疗费赔偿计算公式

诊疗费 + 医药费 + 住院费 + 其他医用费用

2.住院伙食补助费赔偿计算公式

住院伙食补助费 × 住院天数

3.营养费赔偿计算公式

营养费赔偿金额(根据伤残情况参照医疗机构意见确定)

4.受害人误工费赔偿计算公式

受害人固定收入(天 / 月 / 年)× 误工时间或者(最近三年的平均收入或受诉法院所在地相同（近）行业上一年度职工的平均工资 ÷ 365 日)× 误工天数

5.陪护费赔偿计算公式

陪护人的原收入 × 陪护时间或者同等级别护工报酬标准 × 陪护时间

6.交通费赔偿计算公式

实际发生的合理交通费用(凭票据)

7.住宿费赔偿计算公式

一般公职人员出差住宿标准 × 住宿天数

8.精神损害赔偿金

9.后续治疗费

（二）受害人因伤致残的赔偿范围（在一般赔偿项目的基础上增加下列项目）

1.残疾赔偿金计算公式

（1）受害人在 60 岁以下

城镇居民残疾赔偿金＝受诉法院所在地上一年度城镇居民家庭人均可支配收入×20 年×伤残赔偿指数

农村居民残疾赔偿金＝受诉法院所在地上一年度农民人均纯收入×20 年×伤残赔偿指数

（2）受害人在 60—74 岁之间

城镇居民残疾赔偿金＝受诉法院所在地上一年度城镇居民家庭人均可支配收入×[20 年－（受害人实际年龄－60 岁）]×伤残赔偿指数

农村居民残疾赔偿金＝受诉法院所在地上一年度农民人均纯收入×[20 年－（受害人实际年龄－60 岁）]×伤残赔偿指数

（3）受害人在 75 岁以上

城镇居民残疾赔偿金＝受诉法院所在地上一年度城镇居民家庭人均可支配收入×5 年×伤残赔偿指数

农村居民残疾赔偿金＝受诉法院所在地上一年度农民人均纯收入×5 年×伤残赔偿指数

2.残疾辅助器具费计算公式

残疾用具费＝普通适用器具的合理费用

被抚养人生活费赔偿计算公式

（1）被抚养人在 18 周岁以下

城镇居民被抚养人生活费赔偿金额＝受诉法院所在地上一年度城镇居民家庭人均消费性支出×（18－被抚养人实际年龄）÷对被抚养人

承担扶养义务的人数×伤残赔偿指数(受害人死亡的,不乘以伤残赔偿指数)

农村居民被抚养人生活费赔偿金额＝受诉法院所在地上一年度农民家庭人均生活消费支出额×(18－被抚养人实际年龄)÷对被抚养人承担扶养义务的人数×伤残赔偿指数(受害人死亡的,不乘以伤残赔偿指数)

(2)被抚养人在18—60周岁之间

城镇居民被抚养人生活费赔偿金额＝(受诉法院所在地上一年度城镇居民家庭人均消费性支出×20年)÷对被抚养人承担扶养义务的人数×伤残赔偿指数(受害人死亡的,不乘以伤残赔偿指数)

农村居民被抚养人生活费赔偿金额＝(受诉法院所在地上一年度农民家庭人均生活消费支出额×20年)÷对被抚养人承担扶养义务的人数×伤残赔偿指数(受害人死亡的,不乘以伤残赔偿指数)

(3)被抚养人在60—74周岁之间

城镇居民被抚养人生活费赔偿金额＝{受诉法院所在地上一年度城镇居民家庭人均消费性支出×[20年－(死亡人实际年龄－60岁)]}÷对被抚养人承担扶养义务的人数×伤残赔偿指数(受害人死亡的,不乘以伤残赔偿指数)

农村居民被抚养人生活费赔偿金额＝{受诉法院所在地上一年度农民家庭人均生活消费支出额×[20年－(死亡人实际年龄－60岁)]}÷对被抚养人承担扶养义务的人数×伤残赔偿指数(受害人死亡的,不乘以伤残赔偿指数)

(4)被抚养人在75周岁以上

城镇居民被抚养人生活费赔偿金额＝(受诉法院所在地上一年度

城镇居民家庭人均消费性支出×5年)÷对被抚养人承担扶养义务的人数×伤残赔偿指数(受害人死亡的,不乘以伤残赔偿指数)

农村居民被抚养人生活费赔偿金额=(受诉法院所在地上一年度农民家庭人均生活消费支出额×5年)÷对被抚养人承担扶养义务的人数×伤残赔偿指数(受害人死亡的,不乘以伤残赔偿指数)

(三)受害人死亡的赔偿范围(在一般赔偿项目的基础上增加下列项目)

1.丧葬费赔偿计算公式

丧葬费赔偿金额=受诉法院所在地上一年度国有经济单位在岗职工平均工资÷12个月×6个月

2.死亡赔偿金计算公式

(1)受害人在60周岁以下

城镇居民死亡赔偿金=受诉法院所在地上一年度城镇居民家庭人均可支配收入×20年

农村居民死亡赔偿金=受诉法院所在地上一年度农民人均纯收入×20年

(2)受害人在60—74岁之间

城镇居民死亡赔偿金=受诉法院所在地上一年度城镇居民家庭人均可支配收入×[20年–(死亡人实际年龄–60岁)]

农村居民死亡赔偿金=受诉法院所在地上一年度农民人均纯收入×[20年–(死亡人实际年龄–60岁)]

受害人在75岁以上

城镇居民死亡赔偿金=受诉法院所在地上一年度城镇居民家庭人均可支配收入×5年

农村居民死亡赔偿金 = 受诉法院所在地上一年度农民人均纯收入×5年

3.被抚养人生活费赔偿计算公式

(1)被抚养人在18周岁以下

城镇居民被抚养人生活费赔偿金额 = 受诉法院所在地上一年度城镇居民家庭人均消费性支出×(18 - 被抚养人实际年龄)÷对被抚养人承担扶养义务的人数

农村居民被抚养人生活费赔偿金额 = 受诉法院所在地上一年度农民家庭人均生活消费支出额×(18 - 被抚养人实际年龄)÷对被抚养人承担扶养义务的人数

(2)被抚养人在18—60周岁之间

城镇居民被抚养人生活费赔偿金额 = (受诉法院所在地上一年度城镇居民家庭人均消费性支出×20年)÷对被抚养人承担扶养义务的人数

农村居民被抚养人生活费赔偿金额 = (受诉法院所在地上一年度农民家庭人均生活消费支出额×20年)÷对被抚养人承担扶养义务的人数

(3)被抚养人在60—74周岁之间

城镇居民被抚养人生活费赔偿金额 = {受诉法院所在地上一年度城镇居民家庭人均消费性支出×[20年 - (被抚养人实际年龄 - 60岁)]}÷对被抚养人承担扶养义务的人数

农村居民被抚养人生活费赔偿金额 = {受诉法院所在地上一年度农民家庭人均生活消费支出额×[20年 - (被抚养人实际年龄 - 60岁)]}÷对被抚养人承担扶养义务的人数

（4）被抚养人在 75 周岁以上

城镇居民被抚养人生活费赔偿金额 =（受诉法院所在地上一年度城镇居民家庭人均消费性支出×5 年）÷对被抚养人承担扶养义务的人数

农村居民被抚养人生活费赔偿金额 =（受诉法院所在地上一年度农民家庭人均生活消费支出额×5 年）÷对被抚养人承担扶养义务的人数

17.环境污染侵权损害赔偿中,误工费与伤残赔偿金的标准如何确定?

根据上文的介绍，大家对环境污染案件造成的人身损害赔偿的项目有所了解，也可以清楚地知道在赔偿项目中所占比重最大的就是伤残赔偿金与误工费。因此,在这两个项目上,往往是最有争议性的。那么,误工费与伤残赔偿金的标准如何确定呢?

案例:

A 化肥厂是 A 市的明星企业,由于是 A 市的纳税大户,实力雄厚,遂在 A 市市区建了一工厂。陈某是 A 市某乡镇的村民,2008 年到 A 市某公司工作,居住在 A 市市区。2010 年 5 月 17 日,陈某感觉胸闷、气喘、呼吸困难、四肢麻木,被送往医院救治后,发现致病原因是生活环境中有大量的有害气体。经调查发现,这些有害气体均系 A 化肥厂生产经营时产生。陈某在病情稳定后,进行了司法鉴定,经鉴定伤情已然构成了伤残等级。陈某遂向法院提起诉讼,请求:1.判令被告立即停止污染侵害,关闭非法生产;2.判令被告赔偿原告医疗费、继续治疗费、误工费、陪护费、住院伙食补助费、营养费、交通费、打印复印费、伤残赔偿金、精神抚慰金等损失共计10万元;3.由被告承担本案诉讼费用。

A化肥厂对此进行了答辩:1.陈某虽然生活在A市市区,但是陈某的户口本上载明了为农业户口,故残疾赔偿金不应按照城市标准,应当按农村标准进行计算;2.陈某虽然已经鉴定存在误工期,但陈某并未提供证据予以证明因侵权造成了收入损失。

请问:A化肥厂的答辩是否有道理?

专家解析:

本案中,造成陈某损害的原因是 A 化肥厂的污染行为,即本案既涉及环境污染侵权,也涉及人身损害赔偿。所以,在确定某一项赔偿项目的数额的时候就需要运用涉及人身损害赔偿方面的法律知识。

《最高人民法院关于审理人身损害赔偿案件适用法律若干问题的解释》对于误工费与残疾赔偿金这两项进行了具体规定:

第二十条:误工费根据受害人的误工时间和收入状况确定。

误工时间根据受害人接受治疗的医疗机构出具的证明确定。受害人因伤致残持续误工的,误工时间可以计算至定残日前一天。

受害人有固定收入的,误工费按照实际减少的收入计算。受害人无固定收入的,按照其最近三年的平均收入计算;受害人不能举证证明其最近三年的平均收入状况的, 可以参照受诉法院所在地相同或者相近行业上一年度职工的平均工资计算。

第二十五条:残疾赔偿金根据受害人丧失劳动能力程度或者伤残等级,按照受诉法院所在地上一年度城镇居民人均可支配收入或者农村居民人均纯收入标准,自定残之日起按二十年计算。但六十周岁以上的,年龄每增加一岁减少一年;七十五周岁以上的,按五年计算。

受害人因伤致残但实际收入没有减少,或者伤残等级较轻但造成职业妨害严重影响其劳动就业的,可以对残疾赔偿金作相应调整。

从这两条司法解释来看,A 化肥厂的抗辩似乎是有道理的。但分析来看,其实不尽然是对的。

陈某主张误工费,是基于自己因为 A 化肥厂的污染行为即侵权行为导致自己耽误工作,损失收入。民事诉讼法关于常规举证责任是"谁主张,谁举证"。陈某是在某公司工作,属于有固定工作,但受伤住院之后公司也不必然扣陈某的工资,因此,陈某是有责任举证证明自己因受伤收入减少了,否则法院是不会支持陈某关于误工费的请求的。

A 化肥厂称陈某为农村户口,应适应农村标准核算陈某的残疾赔偿金,似乎是有道理的。

最高院《民诉意见》第五条规定,"公民的经常居住地是指公民离开住所地至起诉时已连续居住一年以上的地方。但公民住院就医的地方除外。"

城镇居民与农村居民的界定;城镇居民即为非农业户口的居民。但按照国家统计局 [1999]114 号文件《关于统计上划分城乡的规定(试行)》的规定,城镇人口是指在经国务院批准设市的市建制的城市和经批准的市镇建制的城镇区域内居住半年及半年以上的常住人口。不管是否有城镇户口,只要在城镇居住半年及半年以上就统计为城镇人口。相比,农村居民具有农村户口并生活在农村的居民。上面提到的城镇人口是否就是城镇居民?或者城镇居民是否就是城镇人口?有专家认为,城镇居民的概念不能仅仅局限于非农业户口,本地农业户口但已经从事非农业经济的人口、农业户口的居民到大城市打工并已定居的家庭,以及非农业户口的居民外出到其他城市打工或经商者,都可统称为"城镇新居民"。但这个"城镇新居民"概念并没有从法律上给予明确肯定与认同。

不过,在人身损害赔偿案件中,最高人民法院在 2005 年发出了一个复函即:《最高人民法院民一庭关于经常居住地在城镇的农村居民因交通事故伤亡如何计算赔偿费用的复函最高人民法院民一庭关于经常居住地在城镇的农村居民因交通事故伤亡如何计算赔偿费用的复函([2005]民他字第 25 号)》

"某某省高级人民法院:

你院《关于罗某某等五人与某某交通运输集团公司旅客运输合同纠纷一案所涉法律理解及适用问题的请示》收悉。经研究,答复如下:人身损害赔偿案件中,残疾赔偿金、死亡赔偿金和被扶养人生活费的计算,应当根据案件的实际情况,结合受害人住所地、经常居住地等因素,确定适用城镇居民人均可支配收入(人均消费性支出)或者农村居民人均纯收入(人均年生活消费支出)的标准。本案中,受害人唐顺亮虽然系农村户口,但在城市经商、居住,其经常居住地和主要收入来源地均为城市,有关损害赔偿费用应当根据当地城镇居民的相关标准计算。"

本案中,陈某自 2008 年即来到 A 市市区工作,已经满一年以上了,因此,陈某是应当适用城市标准的。

专家支招:

环境污染侵权案件必然会对环境污染受害者造成财产以及人身损失。其中,人身损失这一部分由于涉及的赔偿项目比较多,其中较为复杂的问题也就相对多一点。一般,争议的焦点基本上是在误工费与伤残赔偿金的标准这两点上面。

第一，误工费。误工费，顾名思义，即弥补因耽误工作造成的损失的费用。决定误工费的两个条件就是误工的时间以及误工标准。关于误工的时间，一般是由医嘱、鉴定所确定。如果伤情不是很严重，医嘱确定的休息期时间不是过长，可以采纳医嘱作为依据。但是如果伤情较为严重，构成伤残等级了，那么在实务操作中，就需要在专门的司法鉴定中心对误工期进行鉴定。关于误工的标准，《最高人民法院关于审理人身损害赔偿案件适用法律若干问题的解释》第二十五条进行了规定，"受害人有固定收入的，误工费按照实际减少的收入计算。受害人无固定收入的，按照其最近三年的平均收入计算；受害人不能举证证明其最近三年的平均收入状况的，可以参照受诉法院所在地相同或者相近行业上一年度职工的平均工资计算。"其中，行业工资的标准数据可以在受诉法院当地的统计局查到。如果受害者自身收入高于行业工资的话，可以提供社保记录、纳税证明以及工资单等证据证明自己的误工标准。

第二，伤残赔偿金的标准。在本案例的专家分析部分，已经对城镇标准与农村标准进行了详细分析。在专家支招部分，就为广大的农村户口受害者们提供举证方面的建议。如果需要证明自己在应当适用城镇户口标准，那么需要提供居住与收入两方面的证据。首先，居住方面，可以提供租房协议、小区物业证明、居委会证明、暂住证等证据证明自己在城市居住满一年以上。其次，收入方面，可以提供单位证明、收入证明、纳税证明证明自己的收入来源于城市。只要能提供这两方面的证据，那么就可以成功的适用城镇标准了。

18.环境污染刑事附带民事案件,赔偿项目与民事赔偿中是否有区别?

前两篇文章对环境污染侵权案件的赔偿项目与标准进行了分析与阐述,但是该分析与阐述是建立在民事赔偿案件的基础上的。如果受害者选择了刑事附带民事的方式来维护权利,那么可以要求赔偿的项目会不会有变化呢?

案例:

2007年,A市一化工公司将生产除草醚替代品时封存的化工废料197桶,送到A市某环保固体废弃物交换中心,并交付处置费用19900元。

两年后,由于A市该辖区区环保局等人的失职,这批含有苯酚毒性化学物质的废料在没有经过严格化验的情况下,交给两位无业人员方某、何利某处理,方某等人将其中80余桶随意倾倒在A市某山腰上,造成周边地区环境遭遇严重污染,直接经济损失达199.7万元。

经受害群众报案,检察机关对方某等人以污染环境罪提起公诉。

张某居住在污染山地的山脚,平时生活用水均来自山腰上流淌的泉水。由于山腰被倾倒化工废料,泉水遭受污染,张某饮水中毒,经鉴定,张某因中毒致残,残疾等级为8级。作为受害者,张某向法院提起了刑事附带民事诉讼,请求方某等人赔偿残疾赔偿金、精神抚慰金、护理费等损失。

请问:张某的诉请能得到支持吗?

专家解析：

本案中,张某饮水中毒,并构成8级伤残,存在侵权后果。方某等人随意倾倒化工废料,污染山地、泉水,存在污染行为。此外,张某饮水中毒的原因也是方某等人的污染行为, 故侵权后果与污染侵权行为之间存在因果关系,方某等人需要承担张某的损失。

如果说本案中,张某直接向方某等人提起民事诉讼,请求方某等人赔偿损失, 那么依据案例1中的赔偿清单,可以向方某等人要求医疗费、伤残赔偿金、护理费、精神抚慰金等赔偿项目。但是本案中张某提起的并非民事诉讼,而是刑事附带民事诉讼,这两者有什么区别呢?

所谓刑事附带民事诉讼,是指司法机关在刑事诉讼过程中,在解决被告人刑事责任的同时, 附带解决因被告人的犯罪行为所造成的物质损失的赔偿问题而进行的诉讼活动。

《刑事诉讼法》对此用了以下四个法律条文进行规定：

第九十九条 被害人由于被告人的犯罪行为而遭受物质损失的,在刑事诉讼过程中,有权提起附带民事诉讼。被害人死亡或者丧失行为能力的,被害人的法定代理人、近亲属有权提起附带民事诉讼。

如果是国家财产、集体财产遭受损失的,人民检察院在提起公诉的时候,可以提起附带民事诉讼。

第一百条 人民法院在必要的时候,可以采取保全措施,查封、扣押或者冻结被告人的财产。附带民事诉讼原告人或者人民检察院可以申请人民法院采取保全措施。人民法院采取保全措施,适用民事诉讼法的有关规定。

第一百零一条 人民法院审理附带民事诉讼案件, 可以进行调解,或者根据物质损失情况作出判决、裁定。

第一百零二条 附带民事诉讼应当同刑事案件一并审判,只有为了防止刑事案件审判的过分迟延,才可以在刑事案件审判后,由同一审判组织继续审理附带民事诉讼。

《最高人民法院关于适用＜中华人民共和国刑事诉讼法＞的解释》的第一百五十五条规定:

"对附带民事诉讼作出判决,应当根据犯罪行为造成的物质损失,结合案件具体情况,确定被告人应当赔偿的数额。

犯罪行为造成被害人人身损害的,应当赔偿医疗费、护理费、交通费等为治疗和康复支付的合理费用,以及因误工减少的收入。造成被害人残疾的,还应当赔偿残疾生活辅助具费等费用;造成被害人死亡的,还应当赔偿丧葬费等费用。

驾驶机动车致人伤亡或者造成公私财产重大损失,构成犯罪的,依照《中华人民共和国道路交通安全法》第七十六条的规定确定赔偿责任。

附带民事诉讼当事人就民事赔偿问题达成调解、和解协议的,赔偿范围、数额不受第二款、第三款规定的限制。"

根据该条司法解释可知,刑事附带民事诉讼赔偿范围中是不包括残疾赔偿金与精神抚慰金的,所以,本案中张某的诉讼请求不会得到全部支持。

专家支招:

刑事附带民事诉讼虽然与常规的民事诉讼相比,赔偿范围仅限于《最高人民法院关于适用〈中华人民共和国刑事诉讼法〉的解释》的第一百五十五条规定的"医疗费、护理费、交通费等为治疗和康复支付的合理费用,以及因误工减少的收入。造成被害人残疾的,还应当赔偿残疾生活辅助具费",比常规的民事诉讼要少精神抚慰金与残疾赔偿金这两个大项目。但是,刑事附带民事诉讼是不需要当事人交纳诉讼费的。

损害赔偿包括财产损害赔偿,也包括对人身损害引起的财产损失赔偿。所以说,如果环境污染受害者收到的损失绝大多数是财产损失的话,就可以考虑采取刑事附带民事诉讼,因为就目前而言,人民法院收取民事诉讼诉讼费的标准还是不算低的(财产案件收费:不超过1万元的部分,每件交纳50元;1万元至10万元的部分,按照2.5%交纳;10万元至20万元的部分,按照2%交纳;20万元至50万元的部分,按照1.5%交纳;50万元至100万元的部分,按照1%交纳;100万元至200万元的部分,按照0.9%交纳;200万元至500万元的部分,按照0.8%交纳;500万元至1000万元的部分,按照0.7%交纳;1000万元至2000万元的部分,按照0.6%交纳;超过2000万元的部分,按照0.5%交纳),因此,是否选择刑事附带民事诉讼的方式,需要受害者自行衡量,选择最适合自己的方式。

19."光污染"能否进行环境污染维权?

随着时代的进步,科技在不断的发展。科技是把"双刃剑",科技在提高我们的生活质量的同时,也衍生了各种新型的污染。这些新型的污染是随着科技的发展而产生的,而法律则需要立法者对社会上的现象进行归纳后才能制定出来,不可避免会有一些滞后性。那么,针对法律没有规定的污染,比如"光污染",我们能否维护自己的权利呢?

案例：

陈某系 A 市市中心的一户居民，而 B 公司的经营所在地神奇大厦也位于 A 市市中心，距离陈某家一百米左右。2006 年，B 公司将 30 层的神奇大厦建成竣工，并搬入经营，作为自己的经营场所。

自从神奇大厦建成之后，由于神奇大厦的玻璃幕墙及楼顶的金属球的反光从陈某的后窗直射进屋，一天 14 个小时的光照导致室内温度过高，不但使人根本无法休息，而且让陈某的高血压、心脏病等病情加重，先后花去医疗费 10000 多元。为了降温，陈某家里的电风扇从早到晚地吹，近几年来，已相继烧坏了 4 台电扇，落地扇也修过好几次。

为此陈某要求 B 公司立即停止侵权，排除妨碍，并赔偿经济及精神损失共计 54000 元。

但 B 公司认为，自己不应对此承担任何责任。因为大厦是按规范要求设计建设的，该大厦与原告住房相距百米，其反光不会对人体及财物造成任何损坏；且陈某所说的"光污染"，目前没有法律规定，其诉讼请求于法无据。

请问：1.光照是否能构成环境污染侵权呢？

陈某的诉请能否得到法院的支持呢？

专家解析：

对"光侵入"这种侵权形式，我国的现行立法虽无明文规定，但根据立法精神、目的及学理解释，光污染侵权损害这一侵权类型实际上已经包括在有关立法之中，特别是许多地方规定已作出了明确规定。

对于光污染侵权，可以根据民法通则的相邻关系的规定请求予以禁止并请求赔偿，也可将其作为一种环境污染根据有关环境保护法规予以禁止并请求赔偿。

即将制定的物权法可能对此问题作出更详细的规定，但物权法是基于所有权来规范光的有意图侵入，更重要的是应当在环境立法中将其确认为一种环境污染形式，同时纳入环保法的范围，以保护当事人及整个社会的利益，维护生活环境和生态环境。

光的有意图的侵入作为一种环境污染侵权，其构成要件与一般的环境侵权相类似，应主要有以下几项：

1.必须有因光的侵入而污染环境的行为——也就是说，光的侵入使环境发生了变化，如温度的明显上升，影响视觉等，从而降低了环境质量，改变了原先的生活环境，影响了被侵入方的正常生活，降低了被侵入方的生活舒适度，如前述案例中原告房屋内温度明显上升等现象。

2.必须是人为因素而造成光的侵入——造成光污染必须是人为改变光的自然状态，如新建建筑物玻璃幕墙反光以及设置各种灯饰等。这些情况下，光经过了人的活动而改变了其原来的状态。若仅仅是天然的阳光等，而且未经过人为的反射等活动来改变其自然状态，则不存在光污染问题。

3.必须超过一定的限度——并不是只要有因人为活动而造成光的侵入就会产生光污染侵权。作为环境污染的一种，只有超过一定的限度方可构成光污染，也就是被侵入方负有一定的容忍义务，轻微的光侵入并不构成光污染侵权。那么如何来确定这一限度呢，立法中可以确定一定的判断标准，并赋予法官以自由裁量权根据个案的具体情况予以判断。

4.要有一定的损害事实——这种损害包括财产损害（包括直接和间接的财产损害），但更重要的是人的精神损害。因为光的侵入影响了他人的正常生活，降低了生活的舒适度，给人的身心带来了极大的损伤，影响了工作、学习和生活，所以光污染最关键的在于造成精神损害。

5.侵权行为与损害事实之间有因果关系——也就是说，光污染行为与损害事实之间具有关联性，即光污染行为直接或间接造成了损害事实。没有因果关系，则不存在光污染侵权问题。

本案中，光侵权是由于大厦玻璃幕墙反光导致，侵权后果也已经存在(陈某的人身、财产损失)，且 B 公司并未举证证明因果关系不存在，

因此，本案中陈某的诉请是可以得到支持的。

20．"排矸污染"能否进行环境污染维权？

"光污染"属于法律未明文规定的环境污染类型，而"排矸污染"同样属于常见但法律未作规定的污染类型，对此能否进行环境污染维权呢？

案例：

2008 年，甲市 A 村群众向市环保局投诉，称自 2007 年以来，该市矿务局设在该村的排矸场，由矸石自燃产生大量有毒烟气，使附近农田果园受到污染损害，要求赔偿损失。市环保局受理了此案。经调查化验发现，排矸场矸石自燃排放出大量二氧化硫，严重超标，持续时间长，是造成附近农作物、果木损害的主要原因。

排矸场认为，国家对排矸污染问题没有具体规定，拒不承担责任。同时主张在煤矿生产中必然环节是排放煤矸石。限于我国煤矸石及煤

炭技术水平,可燃物品不可避免地进入矸石,这才导致自燃。它认为属于不可抗力,因此不必承担责任。

请问:1.该场应否承担赔偿责任? 为什么?

该场的主张能否成立? 这是否属于不可抗而构成免责理由?

专家解析:

该场应当承担赔偿责任。虽然国家对排矸污染没有具体规定,但是这不妨碍该场因其侵权行为承担赔偿责任。因为环境民事法律责任的承担不要求行为的违法性,即使国家对排放煤矸石有规定且该场排放煤矸石的行为完全符合国家规定,只要能证明排放煤矸石能导致损失,该场就应当承担责任。本案中,市环保局的化验结果已经证明该排污行为与损害结果之间存在因果关系,因此,该场应当承担赔偿责任。

该场主张矸石自燃属于不可抗力不能成立,因此不能成为免责事由。民法通则规定的不可抗力指的是不可预见,不可避免并不能克服的客观情况,而作为环境污染致害免责事由的不可抗力显然主要是指不可抗拒的自然灾害。矸石自燃虽然无法避免、无法克服,但是该场理应预见到的;而且自燃造成的损害也是可以采取一定措施防止和避免的。该场并没有采取防范措施,因此不能免责。

专家支招:

虽然针对这些法律未明文规定的污染种类,也没有专门的禁止性规定进行限制,但并不意味着对此维权就没有法律支持。

《宪法》第二十六条规定:"国家保护和改善生活环境和生态环境,防治污染和其他公害。"宪法的这条规定实际上是赋予了公民享有舒适环境的环境权,任何影响他人生活环境和生态环境的行为都构成侵权,都应当被禁止。

《民法通则》第八十三条规定："不动产的相邻各方,应当按照有利生产、方便生活、团结互助、公平合理的精神,正确处理截水、排水、通风、采光等方面的相邻关系,给相邻方造成妨碍或者损失的,应当停止侵害,排除妨碍,赔偿损失。"

这一条也从相邻关系方面规定了对影响生活生产的行为可以请求禁止。

《环境保护法》第二十四条规定:"产生环境污染和其他公害的单位,必须把环境保护工作纳入计划,建立环境保护责任制度,采取有效措施,防治在生产或者其他活动中产生的废气、废水、废渣、粉尘、恶臭气体、放射性物质以及噪声、振动、电磁波辐射等对环境的污染和危害。"这一条属于环境法律方面的规定,虽然没有把光等新型污染方式列入但是一个"等"字可以认为涵括了这些将会出现的内容。

因此, 只要污染行为满足符合环境污染侵权的四个要件:污染行为、污染后果、污染行为与污染后果之间存在因果关系、无免责事由,污染者都是要承担赔偿责任的。

21.水环境污染事故应当由谁调查处理?

水污染是生活中比较常见的污染, 我们遭遇到环境污染事故的时候,往往第一选择是向有关部门进行反映。这也确实是最合适的方法,因为发生了环境污染事故,作为受害者一方,很难调查事故成因、阻止损失扩大、鉴定损失、固定证据等。但是"有关部门"到底是哪些部门呢，为了更好的维护自身的权益，对于"有关部门"不可不进行必要的了解。

案例：

河南省某县农民张某，承包水库水面，用网箱养鱼，并租了一条水泥船、雇佣两个工作人员在水库中日夜看护，张某本人也经常住船看护。一天早晨，张某起床后，看到许多死鱼漂浮水面，且水面散发出难闻的气味。张某意识到可能是水体受到某化工厂污染致鱼死亡，于是马上到县环保局要求察看死鱼现场。县环保局的工作人员说：根据《水污染防治法》的规定，渔业水污染事故应由渔政管理机构调查处理。于是张某又马上到负责渔政管理的水库管理局渔政管理站要求其调查处理死鱼事故。但渔政管理站的站长说，不可能是污染致鱼死亡，所以既不组织对水库水质进行监测，也不到现场调查死鱼情况。

为了固定证据，张某只好让县公证处对其死鱼情况进行公证，证明死鱼损失达 40 多万元。死鱼事件后不久，某化工厂就收到渔政管理站发出的因渔业污染事故罚款 15 万元的决定。由于缺乏渔政管理站的现场调查监测资料，张某无法向排污者索赔，于是便以渔政管理站不履行法定职责为由，向法院提起以渔政管理站为被告的行政诉讼，要求其赔偿死鱼损失 40 万元。法院以渔政管理站不具有法人资格为由，让张某变更被告，但张某拒绝变更，于是法院裁定驳回张某的起诉。

请问：1.环保局工作人员的说法对吗？为什么？

法院的裁定是否正确？为什么？

专家解析：

本案中，受害者张某承包的水库被污染，养殖的鱼苗等大量死亡，确实属于"渔业污染事故"。根据《中华人民共和国水污染防治法》第六十八条的规定,"造成渔业污染事故或者渔业船舶造成水污染事故的,应当向事故发生地的渔业主管部门报告,接受调查处理。其他船舶造成水污染事故的,应当向事故发生地的海事管理机构报告,接受调查处理;给渔业造成损害的,海事管理机构应当通知渔业主管部门参与调查处理。"环保局工作人员的说法似乎很有道理。

但是,本案中发生的事故虽然属于渔业污染事故,但是也属于水污染事故。根据《中华人民共和国水污染防治法》第八条的规定,"县级以上人民政府环境保护主管部门对水污染防治实施统一监督管理。交通主管部门的海事管理机构对船舶污染水域的防治实施监督管理。县级以上人民政府水行政、国土资源、卫生、建设、农业、渔业等部门以及重要江河、湖泊的流域水资源保护机构,在各自的职责范围内,对有关水污染防治实施监督管理。"县环保局也是有管理职责的。因此,环保局工作人员的说法是不对的。

此外,本案中张某向法院提起行政诉讼,将渔政管理站列为被告,被人民法院以"渔政管理站不具有法人资格"为由裁定驳回起诉。作为行政诉讼的被告,要求具备主体资格。而渔政管理站并不具备行政主体资格,自然不能作为法律拟制的"人"成为被告,不享有诉讼权利,所以,法院的裁定是有道理的。

专家支招:

为了具体的规范水污染的防治,我国于 2008 年 6 月 1 日实施了《中华人民共和国水污染防治法》。关于污染事故的主管单位也进行了详细的规范。但是水污染在该法中被细分为"一般规定"、"工业水污染防治"、"城镇水污染防治"、"农业和农村水污染防治"、"船舶水污染防治"、"饮用水和其他特殊水体保护"等类型,"有关规定"也包括了"县级以上人民政府环境保护主管部门"、"交通主管部门的海事管理机构"等部门。所以,在向有关部门反应的时候,如果遇到以非主管部门为由拒绝受理的情况,注意分析该事故是否也包含在该部门主管范围内。而且,基本上只要属于水污染范畴的污染事故,不论是否被细化到其他部门,县级以上人民政府环境保护主管部门即县级环保局,总是应该受理的。

22.工厂污染环境,工厂领导承担责任是否有道理?

就像之前所说的,日常生活中造成环境污染侵害的主体一般都是公司企业、工厂等组织。根据谁致害谁负责的原则,按道理来说,既然是公司等组织的行为,应该由公司、工厂负责。但公司、工厂等组织毕竟是人的集合体,作出决策的也是公司、工厂的领导,那么公司污染了环境,公司领导要不要为此负责呢? 如果需要,依据又在哪呢?

案例:

某化工厂是一家生产化学添加剂的企业。1997年,该厂通过了区环保局环境影响评价审批。在废水处理设施验收合格后,正式投入生产。2000年,该化工厂厂长为了扩大生产规模、增加企业利润,在未向环保局申报的情况下扩建了加工精制3-硝基、4-氨基苯酚(NAP)工艺和设备,但是污染防治设施没有相应予以改造,在投入生产使用前也未履行相应的审批手续。扩建的设备投入生产使用后,因原废水处理设施无法处理大量新增废水,造成处理池废水外溢和直接排放,污染了附近的河道。区环保局接到举报后对化工厂进行了现场检查。但化工厂以保守技术秘密为由阻拦环保人员进入生产车间,并拒绝提供扩建工程的任何资料。经环保局对排污口污水排放进行监测,表明污染物排放严重超过规定的排放标准,遂对该工厂进行罚款处理,责令限期整改,并对该工厂厂长进行了罚款。该厂长不服,认为污染行为属于工厂的行为,工厂予以处罚即可,自己不应被罚款。

请问:该厂厂长能否被处罚罚金?

专家解析:

本案中,该工厂为了扩大生产规模,增加企业利润,在未向环保局申报的情况下扩建生产线,但未配备相应的环保设施,并产生大量废水。因此,该工厂实施了污染环境的行为,并造成处理池废水外溢和直接排放,污染附近河流的后果,理应承担相应的责任,对该起污染事故负责。

根据《中华人民共和国水污染防治法》第七十四条的规定,"违反本法规定,排放水污染物超过国家或者地方规定的水污染物排放标准,或者超过重点水污染物排放总量控制指标的,由县级以上人民政府环境保护主管部门按照权限责令限期治理,处应缴纳排污费数额二倍以上五倍以下的罚款。"以及第八十三条的规定,"企业事业单位违反本法规定,造成水污染事故的,由县级以上人民政府环境保护主管部门依照本条第二款的规定处以罚款,责令限期采取治理措施,消除污染;不按要求采取治理措施或者不具备治理能力的,由环境保护主管部门指定有治理能力的单位代为治理,所需费用由违法者承担;对造成重大或者特大水污染事故的,可以报经有批准权的人民政府批准,责令关闭;对造成一般或者较大水污染事故的，按照水污染事故造成的直接损失的百分之二十计算罚款；对造成重大或者特大水污染事故的，按照水污染事故造成的直接损失的百分之三十计算罚款。"环保局有权对该工厂进行处罚。但该厂厂长是否应该对此承担责任呢？

《中华人民共和国水污染防治法》第八十三条第一款对此种情形进行了规定，企业事业单位造成重大或者特大水污染事故的，环保部门对单位直接负责的主管人员和其他直接责任人员，可处上一年度从本单位取得的收入 50% 以下的罚款。

由上述法律规定可知，只要环保局对该厂厂长的罚款金额未超过上一年度从本单位取得的收入的 50%，就是合法的。

此外，本案中还存在另外一个问题。"但化工厂以保守技术秘密为由阻拦环保人员进入生产车间，并拒绝提供扩建工程的任何资料。"这种情况也是经常会遇到的一个问题。如果每个企事业单位都以此为由，拒绝调查，那么维权自然很难进行。《中华人民共和国水污染防治法》第七十条规定，"拒绝环境保护主管部门或者其他依照本法规定行使监督管理权的部门的监督检查，或者在接受监督检查时弄虚作假的，由县级以上人民政府环境保护主管部门或者其他依照本法规定行使监督管理权的部门责令改正，处一万元以上十万元以下的罚款。"因此，本案中环保局是可以因此对化工厂予以处罚的。

专家支招：

《中华人民共和国水污染防治法》对于造成环境污染的企事业单位所需要承担的行政责任进行了比较详细的规范，似乎对于我们环境污染受害者的维权帮助不大。其实不然，在我们维权的过程中，与造成环境污染的企事业单位进行谈判调解也是非常重要的一条途径。如果在谈判调解之前，我们就深知造成环境污染的企事业单位需要承担的一系列行政责任，我们就在谈判中掌握了主动权，就可以告知污染者其中的利害衡量，以获得更多的民事赔偿，或者能更快的得到赔偿。

另外，《中华人民共和国水污染防治法》增加了企事业单位负责人作为责任主体也是非常具有积极意义的。虽然实施行为、获取收益、承担责任的主要是企事业单位，但是作出决策的往往是企事业单位的负责人。在很多种情况下，企事业单位的负责人与企事业单位并非必然存在利害关系，这就会导致企事业单位的负责人在决策过程中不太顾忌环境污染可能带来的后果。《中华人民共和国水污染防治法》八十三条第一款对这一事项进行规定后，进步意义应该还是比较显著的，值得赞同。

23.造成水污染事故的企事业单位，环保局可以责令关闭吗？

所谓"责令关闭"，是指人民政府对于某些严重违反规定的企事业单位，依法作出决定，命令其关闭。是一种很重的行政处罚，一经作出，该企事业单位就不能继续存在下去。很多企事业单位都认为，造成水污染事故了，所受的处罚无非就是罚金、责令整改、赔偿损失，是不会责令关闭的。即使需要责令关闭，也应该是由工商管理局予以吊销执照。那么，在法律层面上，环保局到底能不能责令企业关闭呢？

案例：

A村原本是一个平静而普通的小乡村，村民们日出而作日落而息，过着淳朴而稳定的日子。可现如今,全村人心惶惶,村里因患癌症死亡的人数逐年增加,几十眼井里的水村民不敢饮用,村民说因为这些水已被严重污染,成为患癌的根源所在。

村里主要的饮水源尾矿库早在十年前,还是一池清水。自从某电化有限公司(下称 A 公司)投产以后,水库成了臭泥沟,排出的废水直接流入黄河。

接到村民反映当地有严重污染事件后,A 村所属的环保局进行调查。该环保局发现尾矿库面积大约有 5 亩,A 电化厂区内有两条直径 30 厘米左右的铁管直通尾矿库,带着臭味的黑灰色泥渣从其中一条管道中喷出,远在 10 米之外便能闻到一股刺鼻的臭味。

企业排出的尾渣经过沉淀,剩余的废水按照规定经过泵房,需要完全回收到厂里循环利用,达到废水零排放。但是,在泵房下面,一条 1 米多宽的河沟正在向下游排着泛着白沫的污水,刺鼻而且流量大,急速的水流最终流向黄河。环保局认定,A 公司排放的水污染物超过地方排放标准,

鉴于上述调查结果,该环保局于 2010 年 8 月向 A 公司下达限期治理决定,期限为期两年,责令在限期治理期间限制生产、停止排放。2013 年,A 公司依旧污染严重,并未进行整改,遂该环保局直接下达通知,责令 A 公司关闭。

请问:该环保局的做法对吗?

专家解析:

本案中,A 公司未经废水处理系统直接排放污水进入河流,并超过地方标准,且造成了 A 村村民的人身损害,因此,本案是一起典型的水污染事故案件。

环保局经过调查，于 2010 年 8 月向 A 公司下达限期治理决定，为期两年,内容是限制生产、停止排放。

关于这一决定,环保局的做法是有瑕疵的。根据《中华人民共和国水污染防治法》第七十四条的规定,"违反本法规定,排放水污染物超过国家或者地方规定的水污染物排放标准，或者超过重点水污染物排放总量控制指标的, 由县级以上人民政府环境保护主管部门按照权限责令限期治理,处应缴纳排污费数额二倍以上五倍以下的罚款。限期治理期间,由环境保护主管部门责令限制生产、限制排放或者停产整治。限期治理的期限最长不超过一年",A 公司排放水污染物超过国家或者地方规定的水污染物排放标准, 环保局对其下达进行限期治理的决定是合法合理的,但限期治理期法律明文规定,不得超过 1 年,所以环保局的做法是有瑕疵的。

同时,《中华人民共和国水污染防治法》第七十四条第二款也对限期治理期满未完成治理任务的企事业单位的处罚进行了规定,"逾期未完成治理任务的,报经有批准权的人民政府批准,责令关闭。"由此可知,环保局是有权责令 A 公司关闭的。

专家支招:

水污染作为环境污染的一大种类,广泛产生于日常生活中。很多水污染事故是伴随着企事业单位的生产经营而来的, 所以在生活中一旦发生了水污染事故,可能最直接的维权问题不是如何索要赔偿,而是迅速解决污染问题,避免持续性的受害。毕竟,一旦造成恶劣的人身伤害,再多的赔偿也是弥补不了的。因此,在维权的过错中,我们有必要对环保部门的处罚方式有所了解,以便最大限度地维护我们自身的权益。

环境保护主管部门的处罚方式,除去罚金以外,最为普遍的就是限期治理、停产整顿、责令关闭等,现就水污染层面《中华人民共和国水污染防治法》的有关规定进行介绍。

首先是停止生产类型的规定:

第七十一条(环保设施不合格即进行生产)违反本法规定,建设项目的水污染防治设施未建成、未经验收或者验收不合格,主体工程即投入生产或者使用的,由县级以上人民政府环境保护主管部门责令停止生产或者使用,直至验收合格,处五万元以上五十万元以下的罚款。

第七十四条(排放污水超标)违反本法规定,排放水污染物超过国家或者地方规定的水污染物排放标准,或者超过重点水污染物排放总量控制指标的,由县级以上人民政府环境保护主管部门按照权限责令限期治理,处应缴纳排污费数额二倍以上五倍以下的罚款。

限期治理期间,由环境保护主管部门责令限制生产、限制排放或者停产整治。限期治理的期限最长不超过一年。

第七十五条(饮水水源区域排污)在饮用水水源保护区内设置排污口的,由县级以上地方人民政府责令限期拆除,处十万元以上五十万元以下的罚款;逾期不拆除的,强制拆除,所需费用由违法者承担,处五十万元以上一百万元以下的罚款,并可以责令停产整顿。

除前款规定外,违反法律、行政法规和国务院环境保护主管部门的规定设置排污口或者私设暗管的,由县级以上地方人民政府环境保护主管部门责令限期拆除,处二万元以上十万元以下的罚款;逾期不拆除的,强制拆除,所需费用由违法者承担,处十万元以上五十万元以下的罚款;私设暗管或者有其他严重情节的,县级以上地方人民政府环境保护主管部门可以提请县级以上地方人民政府责令停产整顿。

第七十六条(排放有毒有害污水)有下列行为之一的,由县级以上地方人民政府环境保护主管部门责令停止违法行为，限期采取治理措施，消除污染，处以罚款。

（一）向水体排放油类、酸液、碱液的；

（二）向水体排放剧毒废液，或者将含有汞、镉、砷、铬、铅、氰化物、黄磷等的可溶性剧毒废渣向水体排放、倾倒或者直接埋入地下的；

（三）在水体清洗装贮过油类、有毒污染物的车辆或者容器的；

（四）向水体排放、倾倒工业废渣、城镇垃圾或者其他废弃物，或者在江河、湖泊、运河、渠道、水库最高水位线以下的滩地、岸坡堆放、存贮固体废弃物或者其他污染物的；

（五）向水体排放、倾倒放射性固体废物或者含有高放射性、中放射性物质的废水的；

（六）违反国家有关规定或者标准，向水体排放含低放射性物质的废水、热废水或者含病原体的污水的；

（七）利用渗井、渗坑、裂隙或者溶洞排放、倾倒含有毒污染物的废水、含病原体的污水或者其他废弃物的；

（八）利用无防渗漏措施的沟渠、坑塘等输送或者存贮含有毒污染物的废水、含病原体的污水或者其他废弃物的。

第七十九条（无防污设备或防污能力的船舶）船舶未配置相应的防污染设备和器材，或者未持有合法有效的防止水域环境污染的证书与文书的，由海事管理机构、渔业主管部门按照职责分工责令限期改正，处二千元以上二万元以下的罚款；逾期不改正的，责令船舶临时停航。

第八十条（倾倒垃圾或油类的船舶）违反本法规定，有下列行为之一的，由海事管理机构、渔业主管部门按照职责分工责令停止违法行为,处以罚款;造成水污染的,责令限期采取治理措施,消除污染。

(一)向水体倾倒船舶垃圾或者排放船舶的残油、废油的;

(二)未经作业地海事管理机构批准,船舶进行残油、含油污水、污染危害性货物残留物的接收作业,或者进行装载油类、污染危害性货物船舱的清洗作业,或者进行散装液体污染危害性货物的过驳作业的;

(三)未经作业地海事管理机构批准,进行船舶水上拆解、打捞或者其他水上、水下船舶施工作业的;

(四)未经作业地渔业主管部门批准,在渔港水域进行渔业船舶水上拆解的。

第八十三条(一般性规定)企业事业单位违反本法规定,造成水污染事故的,由县级以上人民政府环境保护主管部门依照本条第二款的规定处以罚款,责令限期采取治理措施,消除污染。

关于责令关闭、拆除的规定:

第七十四条(限期治理未完成)限期治理的期限最长不超过一年;逾期未完成治理任务的,报经有批准权的人民政府批准,责令关闭。

第八十一条(水源保护区违法行为)有下列行为之一的,由县级以上地方人民政府环境保护主管部门责令停止违法行为,处十万元以上五十万元以下的罚款;并报经有批准权的人民政府批准,责令拆除或者关闭:

(一)在饮用水水源一级保护区内新建、改建、扩建与供水设施和保护水源无关的建设项目的;

(二)在饮用水水源二级保护区内新建、改建、扩建排放污染物的建设项目的;

(三)在饮用水水源准保护区内新建、扩建对水体污染严重的建设项目,或者改建建设项目增加排污量的。

24.有了排污许可证,是否就可以随意排污了?

《排污许可证》是《排放污染物许可证》的简称。在《排污许可证管理条例》(征求意见稿)中规定:"国家对在生产经营过程中排放废气、废水、产生环境噪声污染和固体废物的行为实行许可证管理。下列在中华人民共和国行政区域内直接或间接向环境排放污染物的企业事业单位、个体工商户(以下简称排污者),应按照本条例的规定申请领取排污许可证。"顾名思义,排污许可证就是许可排污的证件,那么是否意味着办理了排污许可证,就可以随意排污了呢?

案例:

滨海化工总厂(甲)建于1992年1月。东临海滩,厂外是环乡河,有水产养殖场(乙)的几千亩鱼塘,是渔业养殖密集区。甲厂建厂时按设计规划的要求,投资安装了废水处理装置,废水经处理后排入东海。设计中只允许有一个排污口,往东海排污,连生活污水也不准排入内河,同时甲厂也依法申办了排污许可证,甲厂在施工时却设置了三个排污口,一个排向东海,两个排向环乡河。农民某丙承包丁养殖场200亩鱼塘。养鱼用水除雨水外,全部从环乡河中抽取。1992年3月初,某丙投入鱼苗1万多公斤,几天内发现鱼苗相继大量死亡,损失计10万元。某丙立即向环保部门报告,要求调查处理。环保部门在调查中发现,甲厂在环保设施没有验收的情况下,于1992年2月进行试生产,致使硝基苯车间每小时排出的 100 吨冷却水中带有毒性物质硝基苯。经测定,环乡河及某丙承包的鱼塘中,硝基苯含量超过渔业标准 5 倍~7 倍。

调查过程中,3 月中旬甲厂又发生硝基苯物料溢漏流入地沟事故,最终也排入环乡河。事故发生后,甲厂即通知乙厂停止抽水,某丙的鱼塘因得不到及时供水又造成大量鱼死亡泛塘,损失计 5 万元。对此,环保部门作出决定,对甲厂罚款 5000 元,并要求甲厂赔偿某丙的全部损失 15 万元。甲厂不服,理由是:(1)排入环乡河的是冷却水,仅含少量硝基苯,没有超过排放标准,某丙的鱼苗死亡是其经营不善造成的。(2)甲厂只对溢漏事故造成的 5 万元损失承担责任。因及时通知了渔场,应只承担部分赔偿责任。(3)甲厂已经申办了排污许可证,故不应受到罚款处罚。

请问:1.甲厂的行为有哪些是违法的?

2.甲厂的理由有道理吗?

专家解析:

首先,在本案中,甲厂在选址方面就存在问题,设在渔业养殖密集区,严重违反了预防为主的环境法律原则。《中华人民共和国水污染防治法》第六十五条规定,"在风景名胜区水体、重要渔业水体和其他具有特殊经济文化价值的水体的保护区内,不得新建排污口。在保护区附近新建排污口,应当保证保护区水体不受污染。"故甲厂的选址是违法的,审批环境影响报告书并负有监督检查职责的环保部门,未执行设计方案及未采取防治措施的建设单位(甲厂),上级主管部门及其主管领导人均应为此承担责任。

其次,甲厂擅自改变设计,将废水直接排入内河,造成渔业水体污染,使环保设施未达到国家规定要求,且项目建成未经环保部门验收即投入生产,违反了《中华人民共和国水污染防治法》第十七条规定的"环境影响评价制度"和"三同时"制度。

《中华人民共和国水污染防治法》第十七条:新建、改建、扩建直接或者间接向水体排放污染物的建设项目和其他水上设施,应当依法进行环境影响评价。

建设单位在江河、湖泊新建、改建、扩建排污口的,应当取得水行政主管部门或者流域管理机构同意;涉及通航、渔业水域的,环境保护主管部门在审批环境影响评价文件时,应当征求交通、渔业主管部门的意见。

建设项目的水污染防治设施,应当与主体工程同时设计、同时施工、同时投入使用。水污染防治设施应当经过环境保护主管部门验收,验收不合格的,该建设项目不得投入生产或者使用。

再次,甲厂没有采取措施防治生产中产生的废水,造成有毒有害物质污染,在事故发生后,也没有采取应急措施处理,违反了《中华人民共和国水污染防治法》第六十八条的规定,"企业事业单位发生事故或者其他突发性事件,造成或者可能造成水污染事故的,应当立即启动本单位的应急方案,采取应急措施,并向事故发生地的县级以上地方人民政府或者环境保护主管部门报告。环境保护主管部门接到报告后,应当及时向本级人民政府报告,并抄送有关部门。"

最后,甲厂排放污水的行为造成了丙的损失,即存在污染环境的行为与污染环境的后果,且二者之间存在因果关系,构成环境污染侵权。甲厂应当承担民事赔偿责任。

对于本案中甲厂的理由,我们进行一一分析。

甲厂认为虽然甲厂确实有排污行为,但是一直都在规定的排污标准内进行排污,故甲厂不存在主观过错,不应当承担赔偿责任。关于"无过错能否免责"这一问题,我们已经在之前第六节"'合法排污'造成的损失也要承担责任吗?"进行了详细分析,此处不再赘述,合法排污并不能作为甲厂的免责事由,除非甲厂能证明丙的损失与甲厂的排污行为无关。所以,这项理由并不成立。

甲厂认为他通知了乙,所以应当减轻责任。这一理由也是显然错误的,事故发生后及时通知是排污者的义务,不构成减免责任的条件。

甲厂认为他已经依法申办了排污许可证,即相当于掏钱购买了排污的权利,即便造成了损失应该赔偿,但也不应该再受到行政机关的处罚。根据《中华人民共和国水污染防治法》第二十条的规定,"国家实行排污许可制度。直接或者间接向水体排放工业废水和医疗污水以及其他按照规定应当取得排污许可证方可排放的废水、污水的企业事业单位,应当取得排污许可证;城镇污水集中处理设施的运营单位,也应当取得排污许可证。排污许可的具体办法和实施步骤由国务院规定。禁止企业事业单位无排污许可证或者违反排污许可证的规定向水体排放前款规定的废水、污水。"排污的企事业单位是需要申办排污许可证的,取得排污许可证后是可以按规定排污。从这个法律条文,我们可以清晰地认识到,取得排污许可证后即使排污,也需要按照排污许可证的规定进行排污。

本案中,甲厂排放的污水含有毒性物质硝基苯,根据《中华人民共和国水污染防治法》第二十九条的规定,"禁止向水体排放油类、酸液、碱液或者剧毒废液。禁止在水体清洗装贮过油类或者有毒污染物的车辆和容器。"因此,即使甲厂申办了排污许可证,剧毒性物质也是不可以排放的。因此,甲厂的这一理由也没用道理可言。

专家支招：

排污许可证制度是指凡是需要向环境排放各种污染物的单位或个人,都必须事先向环境保护部门办理申领排污许可证手续,经环境保护部门批准后获得排污许可证后方能向环境排放污染物的制度。

取得排污许可证也不代表着可以随意排污，排污必须按照排污许可证的规定进行。此外,《中华人民共和国水污染防治法》也规定了一些绝对不允许的排污。

第二十九条 禁止向水体排放油类、酸液、碱液或者剧毒废液。禁止在水体清洗装贮过油类或者有毒污染物的车辆和容器。

第三十条 禁止向水体排放、倾倒放射性固体废物或者含有高放射性和中放射性物质的废水。向水体排放含低放射性物质的废水,应当符合国家有关放射性污染防治的规定和标准。

第三十一条 向水体排放含热废水,应当采取措施,保证水体的水温符合水环境质量标准。

第三十二条 含病原体的污水应当经过消毒处理;符合国家有关标准后,方可排放。

第三十三条 禁止向水体排放、倾倒工业废渣、城镇垃圾和其他废弃物。禁止将含有汞、镉、砷、铬、铅、氰化物、黄磷等的可溶性剧毒废渣向水体排放、倾倒或者直接埋入地下。存放可溶性剧毒废渣的场所,应当采取防水、防渗漏、防流失的措施。

第三十五条 禁止利用渗井、渗坑、裂隙和溶洞排放、倾倒含有毒污染物的废水、含病原体的污水和其他废弃物。

第三十六条 禁止利用无防渗漏措施的沟渠、坑塘等输送或者存贮含有毒污染物的废水、含病原体的污水和其他废弃物。

25.水污染事故的污染者拒绝治理污染怎么办?

正如我们一贯所认为的,在环境污染案件之中,占据优势地位的一般都是污染者,而受害者往往面对环境污染的事实很是无力。但由于环境污染的复杂性与不可控性,很有可能环境污染造成的后果很难控制。即使受害者采取一系列合理的手段进行维权,但是遇到污染者不配合,拒绝治理污染,那有解决方法吗?

案例:

某化工厂是一家生产化学添加剂的企业。1997 年,该厂通过了区环保局环境影响评价审批。在废水处理设施验收合格后,正式投入生产。2000 年,该化工厂为了扩大生产规模、增加企业利润,在未向环保局申报的情况下扩建了加工精制 3- 硝基、4- 氨基苯酚(NAP)工艺和设备,但是污染防治设施没有相应予以改造,在投入生产使用前也未履行相应的审批手续。扩建的设备投入生产使用后,因原废水处理设施无法处理大量新增废水,造成处理池废水外溢和直接排放,污染了附近的河道。区环保局接到举报后对化工厂进行了现场检查。但化工厂以保守技术秘密为由阻拦环保人员进入生产车间,并拒绝提供扩建工程的任何资料。经环保局对排污口污水排放进行监测,表明污染物排放严重超过规定的排放标准,排放的污水含低放射性物质,遂对该厂进行了处罚,并责令限期采取治理措施,但该厂拒绝对污染河流进行治理。

请问:1.该厂违反了哪些环境法律制度?

2.该厂拒绝治理,应该怎么办?

专家解析:

首先,该化学厂违反了环境影响评价制度,即对可能影响环境的工程建设、开发活动和各项规划,预先进行调查、预测和评价,提出环境影响及防治方案的报告, 经主管当局批准才能进行建设的环境保护法律制度。该厂扩建的加工精制 3– 硝基、4– 氨基苯酚(NAP)工艺和设备属于对环境会产生影响的工程,应当按照法律规定,提出环境影响及防治方案的报告,经主管当局批准才能动工建设。

其次,该化学厂违反了三同时制度,即一切新建、改建和扩建的基本建设项目(包括小型建设项目)、技术改造项目、自然开发项目,以及可能对环境造成损害的其他工程, 其中防治污染和其他公害的设施和其他环境保护设施,必须与主体工程同时设计、同时施工、同时投产。该化学厂扩建加工精制 3– 硝基、4– 氨基苯酚(NAP)工艺和设备,但是污染防治设施没有相应予以改造,违反三同时制度。

最后,该化学厂违反了许可证制度。即凡是对环境有不良影响的各种规划、开发、建设项目、排污设施或经营活动,其建设者或经营者必须事先提出申请,经主管部门审查批准,颁发许可证后才可以从事该项活动的环境保护法律制度。该厂在扩建有关设备以前并未向环保局申报,获得许可证。

在本案中,该厂拒绝对污染河流进行治理,且该厂排放的污水含有低放射性物质,符合《中华人民共和国水污染防治法》第七十七条第二款第六项的内容,依据该条第一款的规定,"有下列行为之一的,由县级以上地方人民政府环境保护主管部门责令停止违法行为, 限期采取治理措施,消除污染,处以罚款;逾期不采取治理措施的,环境保护主管部门可以指定有治理能力的单位代为治理,所需费用由违法者承担……"
环保局可以选择有治理能力的单位代为履行治理工作。

专家支招:

在环境污染案件中,如遇到污染者不配合治理的情形,寻找有治理
能力的单位代为履行治理义务确实是最好的方法。《中华人民共和国水
污染防治法》的第七十六条与第八十条对代履行进行了规定,分别属于
违规倾倒污水污染和船舶水上污染两大类,共计十二种类型。

七十六条 有下列行为之一的,由县级以上地方人民政府环境保护
主管部门责令停止违法行为,限期采取治理措施,消除污染,处以罚款;
逾期不采取治理措施的, 环境保护主管部门可以指定有治理能力的单
位代为治理,所需费用由违法者承担:

(一)向水体排放油类、酸液、碱液的;

(二)向水体排放剧毒废液,或者将含有汞、镉、砷、铬、铅、氰化物、
黄磷等的可溶性剧毒废渣向水体排放、倾倒或者直接埋入地下的;

(三)在水体清洗装贮过油类、有毒污染物的车辆或者容器的;

(四)向水体排放、倾倒工业废渣、城镇垃圾或者其他废弃物,或者
在江河、湖泊、运河、渠道、水库最高水位线以下的滩地、岸坡堆放、存贮
固体废弃物或者其他污染物的;

(五)向水体排放、倾倒放射性固体废物或者含有高放射性、中放射
性物质的废水的;

(六)违反国家有关规定或者标准,向水体排放含低放射性物质的
废水、热废水或者含病原体的污水的;

(七)利用渗井、渗坑、裂隙或者溶洞排放、倾倒含有毒污染物的废
水、含病原体的污水或者其他废弃物的;

（八）利用无防渗漏措施的沟渠、坑塘等输送或者存贮含有毒污染物的废水、含病原体的污水或者其他废弃物的。

有前款第三项、第六项行为之一的，处一万元以上十万元以下的罚款；有前款第一项、第四项、第八项行为之一的，处二万元以上二十万元以下的罚款；有前款第二项、第五项、第七项行为之一的，处五万元以上五十万元以下的罚款。

第八十条　违反本法规定，有下列行为之一的，由海事管理机构、渔业主管部门按照职责分工责令停止违法行为，处以罚款；造成水污染的，责令限期采取治理措施，消除污染；逾期不采取治理措施的，海事管理机构、渔业主管部门按照职责分工可以指定有治理能力的单位代为治理，所需费用由船舶承担：

（一）向水体倾倒船舶垃圾或者排放船舶的残油、废油的；

（二）未经作业地海事管理机构批准，船舶进行残油、含油污水、污染危害性货物残留物的接收作业，或者进行装载油类、污染危害性货物船舱的清洗作业，或者进行散装液体污染危害性货物的过驳作业的；

（三）未经作业地海事管理机构批准，进行船舶水上拆解、打捞或者其他水上、水下船舶施工作业的；

（四）未经作业地渔业主管部门批准，在渔港水域进行渔业船舶水上拆解的。

有前款第一项、第二项、第四项行为之一的，处五千元以上五万元以下的罚款；有前款第三项行为的，处一万元以上十万元以下的罚款。

因此，如涉及以上十二种类型的环境污染案件，均可依据《中华人民共和国水污染防治法》请求环境主管部门制定有治理能力的单位代为治理污染。

26.承担水污染民事侵权赔偿后,还需要缴纳
   排污费与罚金吗?

在水污染事故发生后,造成水污染的一方一般需要向受害者一方赔偿损失,消除危害。但是往往在此时,事故发生后,环境保护主管部门也会因事故而对造成污染的一方进行处罚,或是要求缴纳排污费,那么这些惩罚措施可以并行吗?

案例:

大和染料厂位于某河流中上游。2008年6月,环境监测站对该染料厂的污水进行监测,发现该厂对所排放的污水的净化处理不够,多种污染物质的含量严重超标。遂向该厂提出限期治理的要求,但该厂不予理会,没有采取任何净化措施。2008年10月,市环保局按照国家有关规定向其征收排污费,但该厂领导却以经济效益不好为由,拒绝缴纳。2009年3月,染料厂附近的居民出现了大批呕吐、中毒现象,经调查发现,居民系化学中毒,致害原因就是染料厂在生产过程中排入河流的污水污染了河流,附近居民饮用后出现了病状。遂附近居民向人民法院起诉要求大和染料厂赔偿损失。市环保局也对染料厂下达了罚金的决定,并要求染料厂支付排污费。大和染料厂认为自己已经赔偿了附近居民的损失,已经为该起事故负责了,因此不应当承担罚金与排污费责任。

请问:大和染料厂的说法有道理吗?

专家解析:

征收排污费是我国环保法规定的一项重要制度,其目的是为了促

进企业事业单位加强经营管理,提高资源和能源的利用率,治理污染,改善环境。《水污染防治法》第十四条规定:"直接或间接向水体排放污染物的企业事业单位,应当按照国务院环境保护部门的规定,向所在地的环境保护部门申报登记拥有的污染物排放设施、处理设施和在正常作业条件下排放污染物的种类、数量和浓度,并提供防治水污染方面的有关技术资料。"第十五条规定:"企业事业单位向水体排放污染物的,按照国家规定缴纳排污费;超过国家或者地方规定的污染物排放标准的,按照国家规定缴纳超标准排污费。""超标准排污的企业事业单位必须制定规划,进行治理。"因而,排污单位应当如实向当地环保部门申报登记排污设施和排放污染物的种类、数量和浓度,经环保部门或其指定的监测单位核定后,作为征收排污费的依据,由环保部门按《征收排污费暂行办法》征收。

本案中2008年10月大和染料厂不按期缴纳排污费的行为是错误的。至于该厂提出的"企业效益不好,无力支付"的理由,是不能支持的,因为我国的环境保护法并没有这类可以免费的规定。

在2009年3月,大和染料厂因排污造成河水污染,引起附近居民中毒的后果,大和染料厂应当承担相应的民事责任。但是大和染料厂承担了民事责任后,是否还应承担罚金与排污费责任呢?

《中华人民共和国水污染防治法实施细则》第四十八条规定:"缴纳排污费、超标排污费或者被处以警告、罚款的单位,不免除其消除污染、排除危害和赔偿损失的责任。"

虽然该法第四十八条并未直接规定承担赔偿责任后,是否需要承担罚款、排污费的责任,但规定了交纳排污费、罚款后仍需承担赔偿责任。因此,交纳排污费、罚款后是仍需承担赔偿责任,否则将有违公平的法律原则。

27.如何确定是否构成噪声污染?

现今社会,人们的生活中充斥着大量的噪音。声音环境也属于环境的范畴,换言之,制造大量的噪音干扰他人,也是一种环境污染,同样也是应该受到环境法律法规约束。但声音本质上是一种无形物,如何判断是否构成污染呢?

案例:

2007年10月,天通花园小区27户居民联名将某建筑公司告上法庭。四个月以前,与该居民区一墙之隔的安顺花园破土动工。建筑工地日夜施工,刺耳的噪音使附近的居民夜不能寐,痛苦不堪。睡眠不足使得老人身体每况愈下,孩子的健康和学业也受到影响。居民们向12369投诉。经查明,该建筑公司在开工前,未向该市环境保护行政主管部门进行申报。环保部门到工地查处时,发现工地正在夜间施工,对此该建筑公司负责人申辩:他们并未在夜间大规模施工,只是混凝土浇铸因工艺的特殊需要,开始之后就无法中止,即便是夜间也不能停工。但是该建筑公司并没有办理相关的夜间开工手续。经环保部门监测,该工地昼间噪声为70分贝,夜间噪声为54分贝,未超过国家规定的建筑施工噪声源的噪声排放标准。

于是环保部门进行了调解,并对该建筑公司未依法进行申报和办理夜间开工手续作出处罚。但是,建筑工地的噪声污染并没有得到改善,广大居民依然处于噪声污染之中。天通花园小区27户居民以相邻权受到侵害为由向人民法院提起诉讼，要求法院判令被告停止噪音污染，赔偿损失。该建筑公司辩称，已经环保部门监测，该工地昼间噪声为70分贝，夜间噪声为54分贝，未超过国家规定的建筑施工噪声源的噪声排放标准，不构成污染。

请问：本案中，该建筑公司的施工行为构成环境污染吗？

专家解析：

本案中，该建筑公司在施工过程中产生了噪声，这一点毋庸置疑，那么该建筑公司的施工行为是否构成污染的关键就在于该建筑公司施工时产生的声音属不属于噪声。

虽然我们之前谈到污染行为的时候，有提到，在国家标准内排放污水，对造成的污染仍旧要承担责任。但是噪声比较特别，与水污染、大气污染均不相同。单位也好、人也罢，正常的生活、生产经营均会产生声音。正常的声音与噪声的界定并不非常明显，必须由相关部门制定出一个声音标准，来分辨正常的声音与噪声。

如果本案中建筑公司的施工行为产生的声音属于正常声音，不是噪声，那么该施工行为就不是污染行为，如果不是污染行为，那又谈何环境污染呢？

声环境质量标准是指由国务院环境保护部门依照法定程序对各类不同的功能区域内环境噪声最高限值所作出的规定。

县级以上地方人民政府根据国家声环境质量标准，划定本行政区域内各类声环境质量标准的适用区域，并进行管理。

《建筑施工场界噪声限值》

土石方推土机、挖掘机、装载机等昼间75分贝；夜间55分贝

打桩各种打桩机等昼间 85 分贝,夜间禁止施工

结构混凝土搅拌机、振捣棒、电锯等昼间 70 分贝夜间 55 分贝

装修吊车、升降机等昼间 65 分贝,夜间 55 分贝

根据《建筑施工场界噪声限值》,该工地昼间噪声为 70 分贝,夜间噪声为 54 分贝,确实没有超出标准,那么是否就意味着该施工行为不属于污染行为了呢?

本案提起起诉的原告是天通花园小区 27 户居民,换句话说判断是否属于噪音的标准不应使用《建筑施工场界噪声限值》,而是应当使用居民区标准,即《城市区域环境噪声标准》。

《城市区域环境噪声标准》

类别	昼间	夜间	适用标准
0	50	40	疗养区 高级别墅区 高级宾馆区
1	55	45	居住,文教机关为主的区域
2	60	50	居住商业工业混杂区
3	65	55	工业区
4	70	55	城市中的道路交通干线道路两侧区域等

某建筑公司排放的噪声尽管符合国家规定的建筑施工噪声源的噪声排放标准,但超过《城市区域环境噪声标准》中规定的区域标准限值,在事实上构成环境噪声污染,侵害了原告的相邻权。根据《民法通则》第八十三条的规定,应当判决被告采取措施,消除噪声污染,赔偿损失。

专家支招:

所谓环境噪声污染,是指所产生的环境噪声超过国家规定的环境噪声排放标准,并干扰他人正常生活、工作和学习的现象。

环境噪声对人体健康的影响：

40分贝以下不足以对人造成不良影响；

超过40分贝声级，达到50分贝声级左右，就会影响人们的睡眠；

60分贝左右声级会给人们的学习、工作造成干扰；

70分贝以上声级则会引起人们注意力分散；

90分贝声级，则会严重干扰人们的工作；

90分贝以上声级的环境会造成人们听力持续下降，听觉迟钝，甚至造成噪声耳聋；

噪声声级达到120分贝，就会导致人的神经系统、心血管系统、消化系统和视觉系统的功能障碍和紊乱；

噪声若达到175分贝声级就能致人死亡。

因此，在生活中，如果因噪音对自己的生活造成困扰，是可以请求环境主管部门对噪声进行测评，并综合参照国家标准与当地标准，一旦有一种标准符合噪声的范畴，即可维护自身权益，要求污染者停止侵害。

28.超标噪声一定构成环境污染侵权吗？

上文提到，确定是否属于噪声污染的最简单方法就是判断声音是否超出国家标准。但是超标的噪声一定构成环境污染侵权吗？

案例：

四川省某县一企业建设在农村，其排放的环境噪声超过国家环境噪声厂界排放标准 10 分贝,但其前后左右都是荒地,因而没有其他单位和居民受到该厂环境噪声的干扰,只有其本厂的职工受到不同程度的噪声危害。当地环境保护局以该企业超标排放噪声为由,责令其限期治理,并征收其环境噪声超标排污费每月 1600 元。该企业不服,向人民法院提起行政诉讼,要求撤销环保局的行政决定。其理由是,《环境噪声污染防治法》第十六条规定:"产生环境噪声污染的单位,应当采取措施进行治理,并按照国家规定缴纳超标准排污费"。按照该法第二条规定,环境噪声污染必须有超标和扰民两个条件。我企业只满足噪声超标一个条件,不属于限期治理和缴纳超标排污费的对象。结果,法院采纳了原告企业的意见,判决撤销环保局的决定。

请问:法院的判决是否正确?为什么?

专家解析:

本案中,该企业地处荒地,虽然排放的环境噪声超过国家标准,但是仅影响到了本厂职工,而没有影响到其他单位和居民。根据《环境噪声污染防治法》第二条的规定,"本法所称环境噪声,是指在工业生产、建筑施工、交通运输和社会生活中所产生的干扰周围生活环境的声音。本法所称环境噪声污染,是指所产生的环境噪声超过国家规定的环境噪声排放标准,并干扰他人正常生活、工作和学习的现象。"构成环境噪声污染必须具备排放噪声超标和扰民两个条件,本案中该企业只超标不扰民的噪声不构成环境噪声污染。

专家支招:

对不扰民的超标噪声,不应征收排污费。

本案中虽然该企业排放的噪声影响到了本企业的员工,存在污染后果,但根据《环境噪声污染防治法》第三条的规定,因从事本职生产、经营工作受到噪声危害的防治,不适用本法。因此噪声对该厂工人造成的危害,不属于环境保护行政主管部门管辖。

因此,法院的判决是正确的。

29.噪声污染应当由哪些部门负责监督管理?

噪声污染在现代社会也逐渐普遍化,那么明确其监督管理部门就变得很必然。虽然噪声污染属于污染,环保主管部门肯定是有权管理,但是环境主管部门负责的内容太过宽泛,处理起来必然有延后性,可是目前并不存在一个专门负责声音监管的部门,那么发生了噪声污染除了去找环境主管部门以外,还能去找哪些部门进行管理呢?

案例:

甲市是一个大型港口城市,拥有3个大型港口。丽水花园小区就建设于甲市的A港口附近。因为丽水花园小区地处港口附近,港口每天很多船舶进出,汽笛声、喧闹声比较嘈杂,严重影响了丽水花园小区业主的生活。遂丽水花园小区的业主向甲市环保局反应此事,甲市环保局表示最近甲市环境污染事故较多,暂时没有时间管理此事,建议业主寻找甲市港务监督局帮助。丽水花园的业主遂向甲市港务监督局反应此事,甲市港务监督局对A港口进行了监测,发现A港口排放的边界噪声严重超标,遂对A港口予以警告与罚款。A港口不服,认为甲市港务监督局不负责噪声管理,无权对A港口进行监测与处罚。

请问：甲市港务监督局的行为越权了吗？

专家解析：

本案中，丽水花园小区的业主受到噪声困扰，要求市环保局受理，这是正确的，根据《中华人民共和国环境噪声污染防治法》第六条第二款规定，"县级以上地方人民政府环境保护行政主管部门对本行政区域内的环境污染噪声污染防治实施统一监督管理。"

本案的关键就在于甲市港务监督局有权管辖本案吗？《中华人民共和国环境噪声污染防治法》第六条第三款规定，"各级公安、交通、铁路、民航等主管部门和港务监督机构，根据各自的职责，对交通运输和社会生活噪声污染防治实施监督管理。"而且丽水花园小区位于 A 港口附近，污染源也是 A 港口，故 A 港口所属的港务监督机构即 A 市港务监督局是有监督管理权的。

那么，又面临了一个新的问题，所谓的监督管理权包括哪些内容呢，是否涵括案例中的检测、罚款、警告。

《中华人民共和国环境噪声污染防治法》第二十一条规定了港务监督机构的检测权，"县级以上人民政府环境保护行政主管部门和其他环境噪声污染防治工作的监督管理部门、机构，有权依据各自的职责对管辖范围内排放环境噪声的单位进行现场检查。被检查的单位必须如实反映情况，并提供必要的资料。检查部门、机构应当为被检查的单位保守技术秘密和业务秘密。"而且也在第五十五条规定了噪声污染排放者不配合调查的处罚办法，"排放环境噪声的单位违反本法第二十一条的规定，拒绝环境保护行政主管部门或者其他依照本法规定行使环境噪声监督管理权的部门、机构现场检查或者在被检查时弄虚作假的，环境保护行政主管部门或者其他依照本法规定行使环境噪声监督管理权的监督管理部门、机构可以根据不同情节,给予警告或者处以罚款。"

《中华人民共和国环境噪声污染防治法》第五十七条规定了港务监督机构的处罚权,"机动船舶有前款违法行为的, 由港务监督机构根据不同情节给予警告或者处以罚款。"因此,甲市港务监督局的行为是符合法律规定的。

专家支招:

关于噪声污染的主管单位,《中华人民共和国环境噪声污染防治法》对此规定得很具体。

首先,在监督管理权方面。《噪声污染防治法》第六条进行了规定, "国务院环境保护行政主管部门对全国环境噪声污染防治实施统一监督管理。县级以上地方人民政府环境保护行政主管部门对本行政区域内的环境噪声污染防治实施统一监督管理。各级公安、交通、铁路、民航等主管部门和港务监督机构,根据各自的职责,对交通运输和社会生活噪声污染防治实施监督管理。"即国务院环保部对全国噪声污染都具有统一的管理权, 地方上噪声污染管理权原则上归属于县级以上各级环保局,但是涉及铁路运输、船舶、民航等方面,可由各级公安局、交通局、铁路局等进行管理。

其次,在声环境标准与噪声排放标准的制定方面。《噪声污染防治法》第十条、十一条进行了规定,国务院环境保护行政主管部门分别不同的功能区制定国家声环境质量标准。县级以上地方人民政府根据国家声环境质量标准,划定本行政区域内各类声环境质量标准的适用区域,并进行管理。国务院环境保护行政主管部门根据国家声环境质量标准和国家经济、技术条件,制定国家环境噪声排放标准。

再次,在噪声污染监测方面。《噪声污染防治法》第二十一条进行了规定，"县级以上人民政府环境保护行政主管部门和其他环境噪声污染防治工作的监督管理部门、机构,有权依据各自的职责对管辖范围内排放环境噪声的单位进行现场检查。被检查的单位必须如实反映情况,并提供必要的资料。检查部门、机构应当为被检查的单位保守技术秘密和业务秘密。检查人员进行现场检查,应当出示证件。"即噪声污染监测权与噪声污染监督管理权是一致的，除各级环境主管部门外,各级公安、交通、铁路、民航等主管部门和港务监督机构均有噪声污染监测的职权。

最好,在噪声污染的处罚方面。除各级环境主管部门可以对噪声污染者进行处罚外,《噪声污染防治法》也赋予了各级公安、交通、铁路、民航等主管部门和港务监督机构的部分处罚权。

《噪声污染防治法》第五十五条:排放环境噪声的单位违反本法第二十一条的规定,拒绝环境保护行政主管部门或者其他依照本法规定行使环境噪声监督管理权的部门、机构现场检查或者在被检查时弄虚作假的,环境保护行政主管部门或者其他依照本法规定行使环境噪声监督管理权的监督管理部门、机构可以根据不同情节,给予警告或者处以罚款。

第五十七条:违反本法第三十四条的规定,机动车辆不按照规定使用声响装置的,由当地公安机关根据不同情节给予警告或者处以罚款。机动船舶有前款违法行为的,由港务监督机构根据不同情节给予警告或者处以罚款。铁路机车有第一款违法行为的,由铁路主管部门对有关责任人员给予行政处分。

30.噪声污染案是否一定能获赔?

❋　　❋　　❋

随着城市建设的高速发展,噪声污染现象愈发普遍。而且随着人们环境意识、维权意识的提高,围绕环境噪声污染引发的各类损害赔偿诉讼也在快速增长。上文说到,这类案子的关键在于是否构成噪音。那么,是不是就意味着只要产生的声音分贝过高,属于噪声的范畴,那么噪音受害者们提起诉讼,就一定能获得赔偿呢?

案例 1:

现阶段我国进入高速发展阶段,地铁与公交车站作为民生建设的一部分已经相当完善。某市 A 小区是建设于 2008 年的一个小区,位于某市的繁华地段,因此该小区居民饱受闹市的打扰。在 A 小区不远的路口是地铁站与公交车站,每天喧闹不止。其中公交车站建于该小区楼盘竣工之前,而地铁则建于该小区竣工之后。A 小区 16 名业主将开发商和负责管理公交车、地铁的企业告上法庭。16 名业主称,邻近公交车站、地铁站每天不间断产生环境噪声污染。市环境保护监测中心曾进行 24 小时监测,结果为噪声超标。经整改后监测噪声仍超标。业主要求排除危害,赔偿每户损失 1000 元。

请问:业主们的要求是否有道理?

专家解析:

在本案中,A 小区地处闹市,确实附近噪音超标,存在污染后果。那么,谁应该为居民所遭受的噪音后果承担责任呢? A 小区建于 2008 年,竣工之前就有公交车站,因此公交车的管理公司本身不具有过错,不应当为居民遭受的噪音污染承担责任。而开发商在开发房屋的时候就应当认识到附近可能存在的噪声污染,应当按照有关规定采取减轻和避免交通噪音的措施,因此开发商应当承担责任,而公交车的管理公司不必承担责任。

此外,本案中地铁是建于 A 小区竣工之后。换句话说,地铁进行规划的时候,应当注意到产生的噪音会导致附近小区居民受困扰,因此存在过错,并产生了污染后果,地铁管理公司应当承担责任。

案例 2:

现阶段我国进入高速发展阶段,地铁与公交车站作为民生建设的一部分已经相当完善。某市 B 小区是建设于 2009 年的一个小区,位于某市的繁华地段,因此该小区居民饱受闹市的打扰。在 A 小区不远的路口是地铁站与公交车站,每天喧闹不止。其中公交车站、地铁均建于该小区竣工之后。B 小区的 19 名业主听闻 A 小区 16 名业主将开发商和负责管理公交车、地铁的企业告上法庭,遂也将负责管理公交车、地铁的企业告上法庭。19 名业主称,邻近公交车站、地铁站每天不间断产生环境噪声污染。市环境保护监测中心曾进行 24 小时监测,结果为噪声超标。经整改后监测噪声仍超标。业主要求排除危害,赔偿每户损失 1000 元。地铁与公交车管理公司辩称:"经检测,监测数据反映,车辆夜间停运后区域噪声也存在超标情形。因此噪声产生的原因会有很多,不应承担责任。"

请问:B 小区的业主们的请求有道理吗?

专家解析:

本案中,B 小区位闹市,造成噪声污染的原因可能有很多,且地铁与公交车管理公司也提出相应的证据,"经检测,监测数据反映,车辆夜间停运后区域噪声也存在超标情形"。因此,我们可以认为该居所区域属混合区域,在这种混合区域出现噪声问题,噪声的来源并非是唯一的。由于噪声来源的多样性,难以确认被告的责任;且根据监测数据反映,车辆夜间停运后区域噪声也存在超标情形,噪声污染的后果与地铁、公交车站的经营行为之间不存在因果关系,因此地铁、公交车站管理公司不必承担赔偿责任。

专家支招:

在某些情况下,很多声音混合在一起才会造成噪音污染,所以理清构成噪音污染的原因就比较困难。所以在实务操作中,很多案件中作为被告的开发商、市政建设单位等就可能因为其行为与污染后果不存在因果关系而不承担赔偿责任,因此并非业主起诉就能获得赔偿。

遇到住房噪音问题,业主只有查找噪音源确定索赔的被告才能增加胜算,达到维权目的。一般情况下,开发商在房地产开发项目中所承担的与道路交通噪声污染有关的防噪义务主要包括:在已有的交通干线的两侧建房时,应当按照国家规定间隔一定距离,并采取减轻、避免交通噪声影响的措施。在进行建筑设计前,应对环境及建筑物内外的噪声源作详细的调查与测定,并对建筑物的防噪间距、朝向选择及平面布置等应作综合考虑。在进行上述设计后仍不能达到室内安静要求时,应采取建筑构造上的防噪措施。为减少由门窗传入的噪声,外墙的门窗必须严密。应将卧室、起居室布置在背向噪声源的一侧。住宅应符合《民用建筑隔声设计规范》的标准。楼盘通过竣工验收的事实本身,已经表明开发商履行了其依法承担的隔声、防噪义务。

可能造成噪声污染的原因有很多,包括城市道路、公共交通设施造成的噪音污染、因居住小区的公共配套服务设施如小区超市的冷风机、空调外挂机引发的噪音污染等。这些污染产生的原因或者说污染源,往往只在一定的时间段内发生,有时也是政府的行政规划、行政许可所直接导致的。如果政府在规划建设时有慎重考虑了噪音污染因素,将居民的声音环境作为一个考量指标,也就不会有声音环境污染产生。因此,多伴有民事诉讼和行政诉讼交叉的问题,如在民事案件审理中,业主对行政主管部门的涉案行政行为不服,应当另行提起行政诉讼。

另外,大家在购房前仔细了解周边环境的具体情况,购房者就可以避免在入住新家之后遭受噪音的污染。同时,也可以在与开发商签订房屋买卖合同时,设定与此有关的约定,约定一旦出现噪音问题,开发商应当如何承担相应的责任。比如约定:"出卖人保证房屋的居住质量,在房屋打开门窗后,白天来自室外的声音不高于××分贝,夜晚不高于××分贝。在出卖人交付房屋后,如环境治理达不到约定的条件,则买受人有权解除合同并要求出卖人承担违约责任。"这样,一旦将来有噪音超标的问题发生,购房人至少可以得到合同中约定的赔偿。

由于开发商总是比购房人更多了解该区域的规划与房屋的质量,这样做的另一个好处就是,如果开发商认为自己所开发的楼盘在声音环境方面不能达标,面对这样的条款,自然不敢签约,否则将要承担大量的违约金,这样买房人也就不会买到噪声污染严重的房屋了。

31.建筑施工可以在夜间进行吗?

自从进入 21 世纪,中国就进入了城市化时代,全国绝大多数城市都在进行扩大城市建设。随着城市化的发展,城市中出现了大量的建筑施工工地,而工地因为建设施工的需要,往往会产生大量的噪声污染,这些可能都是无法避免的。而且就目前来看,很多工地往往地处市区或者居民区,噪声经常会影响到附近的居民,尤其是夜间施工的影响最为严重。白天的施工是不可避免的,那么晚上呢,建筑施工究竟可不可以在夜间进行呢?

案例:

A 公司是一家建筑公司,2009 年承建了该市的地铁修建工程。该工程项目其中有一段位于该市居民区附近,平时施工会影响到附近居民。A 公司在建筑施工时很注意控制声音的大小, 一般都会保证在建筑施工场界环境噪声标准以内。在一般情形下,A 公司的施工时间仅在白天。2009 年年末,A 公司发现公司进度跟不上了,可能会造成违约,遂决定在晚上九点至十一点开始连续施工。附近居民对此很是不满,遂向环保局反应了此事。

请问:A 公司可以在夜间施工吗?

专家解析:

本案中,A 公司的行为是建筑施工行为,因工作产生的声音也在建筑施工场界环境噪声标准以内。那么本案的关键问题就在于"晚上九点至十一点"是否属于夜间,如果属于夜间,A公司能否在夜间持续施工。《中华人民共和国环境噪声污染防治法》第六十三条对此进行了规定,"噪声敏感建筑物集中区域"是指医疗区、文教科研区和以机关或者居民住宅为主的区域。"夜间"是指晚二十二点至早晨六点之间的期间。""晚上九点至十一点"属于夜间,A公司施工地点也属于"噪声敏感建筑物集中区域"。

那么A公司到底能不能在夜间持续施工呢?

根据《中华人民共和国环境噪声污染防治法》第三十条第一款的规定,"在城市市区噪声敏感建筑物集中区域内,禁止夜间进行产生环境噪声污染的建筑施工作业,但抢修、抢险作业和因生产工艺上要求或者特殊需要必须连续作业的除外。"在城市市区噪声敏感建筑物集中区域,原则上是不可以在夜间持续施工的,除非有正当理由需要抢修、抢险。

其中,本案中A公司只是可能造成违约,并不具有正当理由,所以A公司是不可以在夜间施工的。

专家支招:

根据上述案例的解析,可能很多朋友会问,《中华人民共和国环境噪声污染防治法》第三十条第一款规定了在"抢修、抢险作业和因生产工艺上要求或者特殊需要必须连续作业的"的情形下是可以在夜间连续施工的,那么是否符合这种情形应当由谁来判断,事前判断还是事后判断呢?如果这个问题解决不了,该条规定将形同虚设。

《噪声污染防治法》对此也进行了规定,因特殊需要必须连续工作的,建筑施工方必须在事前做到两点:1.经县级以上人民政府或其有关主管部门同意,并取得其证明;2.公告附近居民。

32.邻居噪声污染怎么维权?

❋　❋　❋

随着生活质量的提高，基本上每家每户都会有那么一些声音比较大的家用电器,或有时在家中进行 KTV 等娱乐活动,这样会影响到其他居民。这种情况没有造成太大损失,通过环保部门又太过耗时,受污染的一方应当如何维权呢?

案例:

曹某家隔壁房主买来一台榨油机，放在仅与曹家一墙之隔的房屋内,开办对外营业的榨油作坊。榨油机器整日隆隆作响,有时半夜里还开机榨油,振动和噪声使得曹家不得安宁。为此,曹与隔壁房主作过多次交涉,但始终未解决问题。无奈,曹找到市环境保护局,请其出面解决。环保局并没派人对现场进行检测。由于隔壁房主的噪声污染并未对曹家造成实质损失,通过法院采取诉讼手段又不划算,但振动和噪声确实使得曹家无法忍受。请问:

对于这一振动和噪声污染纠纷,曹某可以通过什么途径来解决?

专家解析:

本案中,曹某的邻居持续使用榨油机,造成大量噪声影响曹某家的生活,属于使用家用电器对周围居民造成噪声污染的行为。根据《中华人民共和国环境噪声污染防治法》第四十六条的规定,"使用家用电器、乐器或者进行其他家庭室内娱乐活动时，应当控制音量或者采取其他有效措施，避免对周围居民造成环境噪声污染。"因此该行为是违反法律规定的。那么，这种情形除了向法院提起诉讼、向环保局反应外，还有其他解决途径吗？

《中华人民共和国环境噪声污染防治法》第五十八条规定："违反本法规定，有下列行为之一的，由公安机关给予警告，可以并处罚款：（一）在城市市区噪声敏感建筑物集中区域内使用高音广播喇叭；（二）违反当地公安机关的规定，在城市市区街道、广场、公园等公共场所组织娱乐、集会等活动，使用音响器材，产生干扰周围生活环境的过大音量的；（三）未按本法第四十六条和第四十七条规定采取措施，从家庭室内发出严重干扰周围居民生活的环境噪声的。"

所以，曹某是可以寻求公安机关帮助，请求公安机关对该邻居予以警告、罚款处理。

专家支招：

在《中华人民共和国环境噪声污染防治法》中，对社会生活噪声污染进行了详细规定。除了案例中所提到的"家用电器、乐器"等产生的噪声污染外，也对室内装修的噪声进行了规定，规定室内装修时应当限制作业时间，并采取其他有效防治措施，以减轻环境噪声污染。如果出现了室内装修作业环境污染的情形，也是可以请求公安机关对此进行处理。

33.恶臭也算环境污染吗?

❖　　❖　　❖

所谓恶臭,是气态的大气污染物,是指能刺激人的感觉器官引起不快或者有害感觉的气味。这种气味一般是从恶臭物质中散发出来的,这类物质主要有:氯、氨和硫化氢等无机化合物;硫醇、脂肪酸类等有机化合物。散发出的气味有:臭鸡蛋味、烂洋葱味、粪尿味、烂菜味等。这类气体不一定直接造成什么严重的后果,但是确实很难让人忍受,那么"恶臭气体"究竟算不算环境污染呢?

案例:

A市工业有限公司(以下简称A公司)是2000年初成立的台商独资企业,主要从事各种卫浴设备、黄铜阀门及下水道器材零配件等产品的生产。其中黄铜铸造工序在生产过程中有刺鼻的恶臭气体排出。因此,在审批该项目时,A市环境保护局在A公司的《建设项目环境影响报告表》中批复:"同意A工业有限公司,对大气污染较严重的铸造及噪声较严重的工序应放到其他冶炼厂生产……"2000年下半年,A公司擅自将黄铜铸造车间迁入某分厂并投入生产。在生产过程中排放出的恶臭气体污染着周围环境,尤其是与A公司一路之隔的某体育学院时常受到恶臭气体的侵袭,不少师生夜里经常不能入眠,口干、喉痛、咳嗽、胸闷等病症增多,一些班级无法正常训练,大运动量项目成绩下降。该院师生不断向环保局及有关部门反映A公司排放恶臭气体,干扰该院教学、生活秩序,强烈要求环保部门责令该车间搬迁。A市人大代表和政协委员多人也数次提出议案,反映同样的情况和要求。2002 年 7 月 1 日,环保局作出决定,责令 A 公司自 2002 年 7 月 5 日起在分厂停止使用产生恶臭的树脂壳模浇铸工艺。但 A 公司并未完全执行该项决定。同年 9 月,环保局在查实 A 公司在分厂仍继续使用树脂壳模铸铜之后,又对 A 公司作出罚款 5000 元的处罚决定。此后,A 公司虽提出了治污措施和计划,但仍没有消除恶臭污染。体育学院师生仍强烈要求立即彻底解决该污染问题。环保局责令 A 工业有限公司分厂于 2003 年 5 月 1 日之前停止生产;从 2002 年 12 月 20 日起,该车间每日 18 时至次日 6 时不得开炉;每次使用炉数不得超过两个。A 公司仍不服,于 2003 年 4 月 8 日向人民法院提起行政诉讼。A 公司诉称:"原告将铸造车间并入分厂后,经被告所属的环境监测站对该车间的粉尘、噪音、废气进行实地监测,认为基本符合环保要求,同意正式投产后,原告才正式投产。原告的行为并未违反环境保护法及大气污染防治法的规定,被告仅凭体育学院师生反映强烈,就认定原告分厂铸造车间排放的气体污染了大气环境,影响了体院正常的生活、教学秩序,没有科学根据和法律法规依据。"

请问:本案中环保局的做法是否有道理?

专家解析:

本案主要涉及以下 3 个问题:

恶臭能否构成污染,是本案的关键性问题。如果排放恶臭气体本身不属于污染环境的行为,那么自然不存在后续的处罚、补偿等事项。

根据《中华人民共和国大气污染防治法》第四十条的规定,"向大气排放恶臭气体的排污单位,必须采取措施防止周围居民区受到污染",可知我国在制定大气污染防治法的时候,已经充分认识到恶臭气体的危害性,并把它规定在《中华人民共和国大气污染防治法》这一专门性的环境法律中,故排放恶臭气体也可能属于污染环境的行为。

排放的气体是否构成恶臭污染事实,是本案争议的重要问题。现阶段,关于恶臭气体,我国还没有制定有关的国家标准与地方标准。而且所谓恶臭气体是指具有能刺激人的感觉器官引起不快或者有害感觉的气味的气体。具有恶臭味道的气体有很多,而且组成成分又不必然固定,也很难从其他成分方面界定什么是恶臭气体,什么样的恶臭气体构成污染。国家环保局政策法规司曾发出过一个答复,“目前国家尚未颁布恶臭物质监测规范和标准,在国内有关的环境管理实践中并借鉴国外办法,恶臭污染是根据人群嗅觉感官判断进行鉴别和确定的。”本案中,自从 A 公司下辖的分厂铸造车间开始生产经营,“距离其不远的体院老师学生夜里经常不能入眠,口干、喉痛、咳嗽、胸闷等病症增多,一些班级无法正常训练,大运动量项目成绩下降。该院师生不断向环保局及有关部门反映 A 公司排放恶臭气体,干扰该院教学、生活秩序,强烈要求环保部门责令该车间搬迁。A 市人大代表和政协委员多人也数次提出议案,反映同样的情况和要求。”根据这些事实,完全可以认定 A 公司排放的恶臭气体严重影响了附近生活的人们的健康生活,构成污染事实,理应承担责任。

环保局对 A 公司所作出的责令停止生产的处罚决定合不合乎法律规定呢?《环境保护法》第三十六条规定,“建设项目的防止污染设施没有建成或者没有达到国家规定的要求,投入生产或者使用的,由批准该建设项目的环境影响报告书的环境保护行政主管部门责令停止生产或者使用,可以并处罚款。”《大气污染防治法》第四十条规定,“向大气排放恶臭气体的排污单位,必须采取措施防止周围居民区受到污染。”本案中, A 公司下辖的分厂黄铜铸造车间虽然配备了相关的环保处理设施, 但这些相关的环保处理设施在使用中根本不能有效地防止恶臭气体对周围环境的污染, 也没有通过环保局的检测, 因此 A 公司的生产经营不仅违反了国务院《建设项目环境保护管理办法》第二十条的规定"建设项目在正式投产或使用前, 建设单位必须向负责审批的环境保护部门提交"环境保护设施竣工验收报告", 说明环境保护设施运行的情况, 治理的效果, 达到的标准。经验收合格并发给"环境保护设施验收合格证"后, 方可正式投入生产或使用。"也违反了《大气污染防治法》第四十条"向大气排放恶臭气体的排污单位, 必须采取措施防止周围居民区受到污染"的规定, 因此, 该市环保局依据《大气污染防治法》第五十六条的规定, "违反本法规定, 有下列行为之一的, 由县级以上地方人民政府环境保护行政主管部门或者其他依法行使监督管理权的部门责令停止违法行为, 限期改正, 可以处五万元以下罚款:(一)未采取有效污染防治措施, 向大气排放粉尘、恶臭气体或者其他含有有毒物质气体的;……"作出责令停止生产的处罚决定, 是符合法律规定的。

专家支招:

生活中恶臭气体的排放其实是很普遍的一种污染。之前也有提到, 恶臭气体是指具有能刺激人的感觉器官引起不快或者有害感觉的气味的气体, 国家环保局政策法规司的答复中也包含部分内容, "恶臭污染是根据人群嗅觉感官判断进行鉴别和确定的。"因此, 从某种意义上来说, 只要该气体具有恶性气味, 又严重影响了人们的生活起居, 存在损害事实, 就可以认定为"恶臭气体"污染, 即可采用环境污染维权的手段来维护自身的合法权益。

那么恶臭气体排放污染可以宽泛到什么程度呢? 此处穿插一个小

例子:A 在某街道开了一家小吃店,卖各种熟食及臭豆腐。开业没多久,附近的居民纷纷向当地环保局投诉,认为 A 炸臭豆腐的油锅飘出恶臭,造成空气污染。环保局要求 A 限期整改,A 买了抽油烟机、活性炭等设备,以吸取恶臭。但附近的居民仍不堪忍受,再次向环保局投诉,要求 A 关闭小吃店。

例子中 A 是炸臭豆腐的小吃店店主,臭豆腐确实会散发恶臭。根据国家环保局政策法规司的答复中也包含部分内容,"恶臭污染是根据人群嗅觉感官判断进行鉴别和确定的",我们有理由认为其为"恶臭气体"。只要附近居民能证明自己受到了污染,并产生了损害后果,那么有权要求环保局对此进行处理。而且该环保局对小吃店的处理也是符合大气污染防治法》第五十六条的规定的。

34.燃煤及锅炉的生产、销售环保局也有权管理吗?

在我国,煤炭占一次能源消费量的 70%左右,并且由于煤炭资源的相对丰富,它在我国能源结构中所占的重要地位不会轻易改变。所以对于燃煤特别是直接燃用煤炭导致的大气污染应当予以重视。煤炭导致的大气污染理应由环境主管部门予以管理,但燃煤及锅炉在还未造成环境污染的生产、销售状态,环境主管部门有权管理吗?

案例:

A 公司是山西省甲市的著名燃煤生产、销售企业,其经营范围涉及煤炭燃煤的各个阶段,包括煤炭开采、燃煤的生产、销售以及锅炉的生产。B 公司则是位于山东省乙市的供热公司，A 公司与 B 公司之间一直保持着良好的合作关系，B 公司所使用燃煤均由 A 公司提供。

2008 年，乙市在政府的努力下，已经建立起完善的集中供热网，但 B 公司为了能在 2008 年的冬天抢占淄博市的供热市场，与 A 公司签订了一份新建燃煤锅炉的协议，向 A 公司购买了 3 台锅炉。遂 A 公司将 3 台淘汰的锅炉转让给了 B 公司。

2009 年，A 公司扩大生产经营，新开了一处煤矿，经鉴定，属于高硫份、高灰份的煤矿。A 公司遂开始建设相应的煤炭洗选设备与储存场地，但 B 公司经营出现问题，紧急需要一大批煤炭。A 公司为帮助合作伙伴，先行开工，并将开采出来的煤炭堆放在煤矿附近的 C 村庄的空地上。

2009 年下半年，C 村庄的居民发现由于 A 公司在 C 村庄上堆放煤炭，导致 C 村庄粉尘严重，致使很多居民住院治疗。遂 C 村庄向该县环保局请求调查处理。该县环保局对 A 公司所属煤矿进行了调查，发现 A 公司开采的煤矿含放射性且高灰份，并堆放在人口集中地区，决定责令 A 公司停止堆放煤炭行为，责令关闭煤矿。

同时，甲市环保局发现 A 公司转让的锅炉没有达到锅炉大气污染物排放标准，遂对 A 公司处以罚金。

乙市环保局听闻到甲市环保局处罚 A 公司的消息后，也对 B 公司进行了调查，认为 A 公司生产煤炭属于高污染燃料，禁止在乙市销售，并对 B 公司新建的锅炉予以没收。

请问：1.本案中 A 公司与 B 公司都应当承担什么样的责任？

2.甲市环保局与乙市环保局的处理正确吗？

3.环保局有权管理锅炉、燃煤的生产、销售吗？

专家解析：

A 公司主要有以下 4 个行为：1.A 公司新建了一处高硫份、高灰份的煤矿，其相应处理环保设施还未建成即投入使用；2.A 公司把大量燃煤堆放在 C 村庄；3.A 公司转让了 3 台淘汰的锅炉给 B 公司；4.A 公司常年出售超标的燃煤。

上述四个行为均与燃煤有关，而环境法关于燃煤的规定基本上都在《中华人民共和国大气污染防治法》里，该法对此是这么规定的：

第二十四条　国家推行煤炭洗选加工，降低煤的硫份和灰份，限制高硫份、高灰份煤炭的开采。新建的所采煤炭属于高硫份、高灰份的煤矿，必须建设配套的煤炭洗选设施，使煤炭中的含硫份、含灰份达到规定的标准。

对已建成的所采煤炭属于高硫份、高灰份的煤矿，应当按照国务院批准的规划，限期建成配套的煤炭洗选设施。

禁止开采含放射性和砷等有毒有害物质超过规定标准的煤炭。

第二十五条　国务院有关部门和地方各级人民政府应当采取措施，改进城市能源结构，推广清洁能源的生产和使用。

大气污染防治重点城市人民政府可以在本辖区内划定禁止销售、使用国务院环境保护行政主管部门规定的高污染燃料的区域。该区域内的单位和个人应当在当地人民政府规定的期限内停止燃用高污染燃料，改用天然气、液化石油气、电或者其他清洁能源。

第二十七条　国务院有关主管部门应当根据国家规定的锅炉大气污染物排放标准，在锅炉产品质量标准中规定相应的要求；达不到规定要求的锅炉，不得制造、销售或者进口。

第三十一条　在人口集中地区存放煤炭、煤矸石、煤渣、煤灰、砂石、灰土等物料,必须采取防燃、防尘措施,防止污染大气。

第四十九条 违反本法第十九条规定,生产、销售、进口或者使用禁止生产、销售、进口、使用的设备,或者采用禁止采用的工艺的,由县级以上人民政府经济综合主管部门责令改正;情节严重的,由县级以上人民政府经济综合主管部门提出意见,报请同级人民政府按照国务院规定的权限责令停业、关闭。

将淘汰的设备转让给他人使用的,由转让者所在地县级以上地方人民政府环境保护行政主管部门或者其他依法行使监督管理权的部门没收转让者的违法所得,并处违法所得两倍以下罚款。

第五十条 违反本法第二十四条第三款规定,开采含放射性和砷等有毒有害物质超过规定标准的煤炭的,由县级以上人民政府按照国务院规定的权限责令关闭。

现对 A 公司的行为进行分析:

1.A 公司新建了一处高硫份、高灰份、存在放射性的煤矿,虽然有建设相应的处理环保设施,但是在还未建成,即投入使用的行为严重违反了该法第二十四条与五十条,甲市环保局有权要求 A 公司停产整修并建设有关配套设施。但甲市环保局责令 A 公司关闭煤矿的决定是错误的,虽然 A 公司开采含放射性物质超过规定标准的煤炭,但根据《大气污染防治法》第五十条的规定,有权责令煤矿关闭的不是环境主管部门,而是县级以上人民政府,所以该行为属于典型的越权行为。

2.A 公司随意堆放煤炭的行为也违反了《大气污染防治法》第三十一条的规定,并对附近居民造成了损害,存在污染行为、污染后果,且污染行为与污染结果之间存在因果关系,因此,A 公司应当承担对附近居民的赔偿责任。

3.A公司将淘汰的锅炉转让给B公司，且被淘汰的锅炉本身也不符合国家的有关规定，故根据《大气污染防治法》第四十九条的规定，转让者所在地县级以上地方人民政府环境保护行政主管部门即当地环保局有权没收违法所得，并处以罚款。本案中A公司此行为并不构成情节严重，否则县级以上人民政府经济综合主管部门提出意见，是可以报请同级人民政府按照国务院规定的权限责令停业、关闭的。

4.A公司生产、销售超标的燃煤，《大气污染防治法》对此并未做直接性的规定，但根据《大气污染防治法》第二十五条的规定，如果乙市属于大气污染防治重点城市的话，该市人民政府是可以决定在本辖区禁止销售、使用高污染燃料的。但是有权做决定的应该是乙市人民政府，乙市环保局的做法也是越权的。

接下来，我们来看看B公司的行为:1.新建了3处燃煤供热锅炉;2.使用高污染燃煤;3.使用被淘汰的锅炉。

《中华人民共和国大气污染防治法》相关法律规定为:

第二十八条　城市建设应当统筹规划，在燃煤供热地区，统一解决热源，发展集中供热。在集中供热管网覆盖的地区，不得新建燃煤供热锅炉。

第三十条　新建、扩建排放二氧化硫的火电厂和其他大中型企业，超过规定的污染物排放标准或者总量控制指标的，必须建设配套脱硫、除尘装置或者采取其他控制二氧化硫排放、除尘的措施。

在酸雨控制区和二氧化硫污染控制区内，属于已建企业超过规定的污染物排放标准排放大气污染物的，依照本法第四十八条的规定限期治理。

国家鼓励企业采用先进的脱硫、除尘技术。

企业应当对燃料燃烧过程中产生的氮氧化物采取控制措施。

第五十一条 违反本法第二十五条第二款或者第二十九条第一款的规定,在当地人民政府规定的期限届满后继续燃用高污染燃料的,由所在地县级以上地方人民政府环境保护行政主管部门责令拆除或者没收燃用高污染燃料的设施。

第五十二条 违反本法第二十八条规定,在城市集中供热管网覆盖地区新建燃煤供热锅炉的,由县级以上地方人民政府环境保护行政主管部门责令停止违法行为或者限期改正,可以处五万元以下罚款。

分析如下:1.B 公司位于乙市,乙市于 2008 年已经建立起完善的集中供热网,而 B 公司仍然新建燃煤供热锅炉,违反了《大气污染防治法》第二十八条的规定,乙市环保局有权责令 B 公司停止违法行为或或者限期改正,可以并处五万元以下罚款。

B 公司使用高污染燃料,根据《大气污染防治法》第三十条的规定,B 公司必须建设配套脱硫、除尘装置或者采取其他控制二氧化硫排放、除尘的措施。

B 公司使用了被淘汰的违规锅炉,属于禁止生产、销售、使用的设备,因此根据《大气污染防治法》第四十九条的规定,县级以上人民政府经济综合主管部门有权责令改正,情节严重的,可由县级以上人民政府经济综合主管部门提出意见,报请同级人民政府按照国务院规定的权限责令停业、关闭。

专家支招:

由于煤炭在我国的能源结构中占据了很大一部分份额,所以国家对于燃煤特别是直接燃用煤炭导致的大气污染给予了重视,成为防治大气污染的一个重点,因而在《大气污染防治法》中专列一章规定了相关的措施,主要内容包括:控制煤的硫份和灰份、改进城市能源结构、推广清洁能源的生产与使用、发展城市集中供热、要求电厂脱硫除尘、加强防治城市扬尘工作等,具体深化成防治燃煤产生的大气污染的法律措施就是:(1)推行洁净煤;(2)锅炉产品必须符合环境标准;(3)发展集中供热;(4)加强对烟尘污染物质的存放管理。

作为污染受害者一方,可以注意身边是否存在燃煤生产、销售、使用的大型企业,因为当燃煤被大量使用的时候,很容易出现有毒有害气体、粉尘等污染,对人体造成损害。粉尘、废弃对人体的伤害又往往是日积月累产生的,所以如果等污染结果显现出来,可能某些损失就无法弥补了。自 2000 年修订《中华人民共和国大气污染防治法》之后,国家也在环境层面上对燃煤的销售、生产进行了规定,虽然主管部门可能不是环境主管部门,但也把权限交给了人民政府,因此,受害者通过维护自身公权力的途径还是比较方便的。

作为燃煤使用者一方呢,应当尽量使用洁净煤,使用清洁能源,这不仅可以保护环境,也是响应国家政策的。《中华人民共和国大气污染防治法》就在第三章进行了详细规定,比如说对饮食服务业,大、中城市应当制定规划,限期使用天然气、石油液化气等清洁能源。所以,使用清洁能源是大势所趋。

35.污染物排放标准过时的摩托车还能上路行驶吗?

机动车的尾气也是大气污染的一个典型污染源,而且现今社会,机动车已经是家家户户必备的交通工具。时代在进步,很多新的标准、科技都在更新,污染物排放标准也不例外。这样,就出现了新的问题。在现阶段,很多旧标准时代的机动车仍在行驶,新的标准已经出台,那么用现在的标准来看显然违规的机动车还能上路行驶吗?

案例:

李某是 A 市居民,于 2000 年 8 月份购进了一辆摩托车。李某平时用车比较爱惜,直至 2005 年还基本上跟新车一样。2003 年,由于 A 市所属的省份大气污染严重,A 市所属的省人民政府就制定了新的机动车污染物排放标准。

2005 年的某一天,李某骑摩托车去 A 市车辆管理所去办理年审,被车辆管理所的工作人员要求进行排气污染方面的年度检测,李某的摩托车被查出超出 2005 年机动车污染物排放标准,被告知不得上路行驶。李某认为虽然自己的车的排污标准是违反了 A 市所属省份制定的 2005 年标准,但是符合国家标准。车管所的工作人员表示上级规定,不得上路行驶。

李某回家以后,看摩托车还是比较新,不舍得扔掉,遂以低价出售给了陈某,陈某用于上下班使用。

请问:1.李某的摩托车可以上路行驶吗?

2.地方标准与国家标准不一致,应适应哪个标准?

3.李某可以把摩托车出售给陈某吗?

4.车辆管理所有权对摩托车的污染物排放进行检测吗?

专家解析:

本案的争议焦点就在于机动车污染物排放标准上,那么究竟适用于哪个标准呢,或者说标准应该由谁制定呢?

根据《中华人民共和国大气污染防治法》的规定,一般情形下,制定大气污染物排放标准的应该是国务院环境保护行政主管部门,也就是俗称的国家标准。对于国家大气污染物排放标准中未作规定的项目,省、自治区、直辖市人民政府可以制定地方标准。

那么对于本案中,在国家已经制定有关标准的情况下,省政府是否有权制定地方标准呢,而且是比国家标准更为严格的地方标准?

《中华人民共和国大气污染防治法》第七条规定,"国务院环境保护行政主管部门根据国家大气环境质量标准和国家经济、技术条件制定国家大气污染物排放标准。省、自治区、直辖市人民政府对国家大气污染物排放标准中未作规定的项目,可以制定地方排放标准;对国家大气污染物排放标准中已作规定的项目,可以制定严于国家排放标准的地方排放标准。地方排放标准须报国务院环境保护行政主管部门备案。省、自治区、直辖市人民政府制定机动车船大气污染物地方排放标准严于国家排放标准的,须报经国务院批准。凡是向已有地方排放标准的区域排放大气污染物的,应当执行地方排放标准。"

根据上述规定可知,省级人民政府是有权制定机动车船大气污染物排放地方标准的,但是要求严于国家标准,所以 A 市所属的省政府是有权制定该标准的。而且当国家标准与地方标准不一致时,应当执行地方标准。

第二个问题就是李某的摩托车能否上路行驶的问题。李某的摩托车购买于 2000 年,即新标准制定之前,也就意味着李某所驾驶的摩托车在购买时是符合当时的机动车污染物排放标准的。只是在 2003 年,新标准出台,摩托车变得"违规"了。根据《中华人民共和国大气污染防治法》第三十三条的规定，"在用机动车不符合制造当时的在用机动车污染物排放标准的，不得上路行驶。省、自治区、直辖市人民政府规定对在用机动车实行新的污染物排放标准并对其进行改造的，须报经国务院批准。机动车维修单位，应当按照防治大气污染的要求和国家有关技术规范进行维修，使在用机动车达到规定的污染物排放标准。"李某的摩托车符合制造当时的在用机动车污染物排放标准，所以不受三十三条第一款的限制，是可以上路行驶的。但根据该条第三款"应当按照防治大气污染的要求和国家有关技术规范进行维修，使在用机动车达到规定的污染物排放标准。"的内容，即为虽然可以上路行驶，但需要维修至符合标准。

第三个问题就是李某能否把摩托车出售给陈某的问题。李某的摩托车虽然制造时符合当时的在用机动车污染物排放标准，李某也可以上路行驶，但是并不代表李某可以出售该摩托车。《中华人民共和国大气污染防治法》第五十三条规定，"违反本法第三十二条规定，制造、销售或者进口超过污染物排放标准的机动车船的，由依法行使监督管理权的部门责令停止违法行为，没收违法所得，可以并处违法所得一倍以下的罚款；对无法达到规定的污染物排放标准的机动车船，没收销毁。"李某的行为显然违反了该条规定，有关部门是可以没收违法所得并处罚金的。

第四个问题就是车辆管理所工作人员年检的时候要求检测污染物排放情况的请求李某是否可以拒绝的问题了。《中华人民共和国大气污染防治法》第三十五条规定，"省、自治区、直辖市人民政府环境保护行政主管部门可以委托已取得公安机关资质认定的承担机动车年检的单位，按照规范对机动车排气污染进行年度检测。交通、渔政等有监督的部门可以委托已取得有关主管部门资质认定的承担机管理权动船舶年检的单位,按照规范对机动船舶排气污染进行年度检测。县级以上地方人民政府环境保护行政主管部门可以在机动车停放地对在用机动车的污染物排放状况进行监督抽测。"车管所的工作人员的监测是合法的。

专家支招:

《中华人民共和国大气污染防治法》对机动车污染防治方面的规定还是很具体的,表现为以下四个防治机动车船排放污染的法律措施:

(1)机动车船向大气排放污染物不得超过规定的排放标准;(2)超标不得上路;(3)国家鼓励和支持生产、使用优质燃料油;(4)省、自治区、直辖市人民政府环境行政主管部门可以委托已取得公安机关资质认定的单位,对机动车排污进行检测;县级以上地方人民政府环境行政主管部门可以在机动车停放地对在用机动车的污染物排放状况进行监督抽测。

在日常生活中遇到机动车使用期横跨新旧标准的时候,虽然关键在于该机动车生产时是否符合制造当时的在用机动车污染物排放标准,如果符合了还是可以上路行驶,但是该机动车车主最好还是尽快对该机动车进行升级。因为无论是《大气污染防治法》第三十二条的一般性规定,"机动车船向大气排放污染物不得超过规定的排放标准。"还是第三十三条第三款的规定,"应当按照防治大气污染的要求和国家有关技术规范进行维修,使在用机动车达到规定的污染物排放标准。"进行维修升级或者更换机动车都是必要的。

在此补充一点,《大气污染防治法》第三十四条对燃油进行了规定,国家鼓励生产、使用优质燃油,而且要求按期限停止生产、进口、销售含铅汽油。

36.焚烧麦秸秆违不违法？

自从进入 2010 年后,在我国很多地区都出现了"雾霾"现象。尤其在华北区域,网友曾戏称"十面霾伏",由此可见该现象严重程度。所谓雾霾,是雾和霾的组合词,常见于城市。中国不少地区将雾并入霾一起作为灾害性天气现象进行预警预报,统称为"雾霾天气"。

雾霾是特定气候条件与人类活动相互作用的结果。高密度人口的经济及社会活动必然会排放大量细颗粒物,一旦排放超过大气循环能力和承载度,细颗粒物浓度将持续积聚,此时如果受静稳天气等影响,极易出现大范围雾霾。

究其原因,造成雾霾现象的一个重要原因就是焚烧麦秸秆。我国是农业大国,农业收成之后,传统方法就是把麦秸秆进行焚烧,省时省力,但这就会导致雾霾现象严重,严重影响人们的生活起居。那么,法律对此有无规定呢？

案例：

李某是甲市 A 县的农民,于 2010 年承包了 50 亩田地。李某于 2010 年秋天收获麦子之后,决定按照惯例对麦秸秆进行焚烧。李某自 2010 年 10 月下旬开始,先后 5 次在所承包的田地上进行焚烧。期间,A 县环保局也对李某下达通知,要求李某停止焚烧,但李某不以为意,继续进行了 2 次焚烧。2010 年 11 月,A 县环保局工作人员协同当地公安机关人员对李某下达处罚决定,罚款 1400 元,拘留 10 日。

请问:A县环保局对李某的决定是否合理?

专家解析:

本案中,李某共计焚烧麦秸秆7次。焚烧麦秸秆这一行为在《中华人民共和国大气污染防治法》中是被明文规定为污染行为的。

《大气污染防治法》第五十七条规定:"违反本法第四十一条第一款规定,在人口集中地区和其他依法需要特殊保护的区域内,焚烧沥青、油毡、橡胶、塑料、皮革、垃圾以及其他产生有毒有害烟尘和恶臭气体的物质的,由所在地县级以上地方人民政府环境保护行政主管部门责令停止违法行为,处二万元以下罚款。违反本法第四十一条第二款规定,在人口集中地区、机场周围、交通干线附近以及当地人民政府划定的区域内露天焚烧秸秆、落叶等产生烟尘污染的物质的,由所在地县级以上地方人民政府环境保护行政主管部门责令停止违法行为;情节严重的,可以处二百元以下罚款。"因此,A县环保局对李某决定处罚金1400元是合情合理的。

此外,本案涉及李某的行政处罚还有一个就是拘留十天,这一处罚也是具有法律依据的。A县环保局曾经通知过李某,要求其停止焚烧麦秸秆的行为,根据《中华人民共和国治安管理处罚法》第五十条的规定:"有下列行为之一的,处警告或者200元以下罚款;情节严重的,处5日以上10日以下拘留,可以并处500元以下罚款:(一)拒不执行人民政府在紧急状态情况下依法发布的决定、命令的;(二)阻碍国家机关工作人员依法执行职务的;(三)阻碍执行紧急任务的消防车、救护车、工程抢险车、警车等车辆通行的;(四)强行冲闯公安机关设置的警戒带、警戒区的。"李某阻碍环保局工作人员执行公务,因此可以对李某处10日拘留。

37.生活垃圾填埋场可以随意建设吗?

无论是城市生活还是农村生活,都会产生大量的生活垃圾。为了防止环境污染,建立垃圾处理站统一集中处理生活垃圾就会变得很有必要。在很多时候,垃圾处理站出于经济效益的考量,会选择填埋作为处理垃圾的方式,即建设生活垃圾填埋场,但是,不恰当的地方建设生活垃圾填埋场也是对环境有害的。那么,从法律上来讲,生活垃圾填埋场可以随意建设吗?

案例:

甲市 A 垃圾处理站原本靠近市郊,但随着城市的发展,该站的位置逐渐发展为城市市中心的黄金地段,于是不断有人找该站商量,愿出高价租用该垃圾站改作他用。在巨大经济利益的诱惑下,该站想出两全其美的策略,一方面将垃圾站高价出租,另一方面在位于甲市偏远地段的省级基本农田保护区内修建生活垃圾填埋场,打算将所辖区域内的生活垃圾全部拉到该生活垃圾填埋场进行填埋。

请问:1.A 垃圾处理站的行为是否符合法律规定?

2.如群众举报,应向哪些部门投诉?

专家解析:

本案中,A 垃圾处理站实施了两项行为,一是甲垃圾站高价出租,即擅自关闭城市生活垃圾处置设施的行为;二是在省级基本农田保护

区内修建生活垃圾填埋场的行为。这两项行为均不符合法律规定,具体分析如下:

一、《固体废物污染环境防治法》第四十条规定:"禁止擅自关闭、闲置或者拆除城市生活垃圾处置设施、场所。"本案中,甲垃圾处理站高价出租垃圾站,未经任何部门同意,属于擅自关闭垃圾处理站改作他用是违反国家禁止性法律规定的。

二、《固体废物污染环境防治法》第二十二条规定:"在国务院和国务院有关主管部门及省、自治区、直辖市人民政府划定的自然保护区、风景名胜区、生活饮用水源地和其他需要特别保护的区域内,禁止建设工业固体废物集中贮存、处置设施、场所和生活垃圾填埋场。"本案中,甲垃圾处理站将城市生活垃圾倾倒在省级基本农田保护区进行填埋,违反了上述国家禁止性条款。

如果本案中,群众想要举报,应向县级以上地方政府环境卫生行政主管部门和环境保护行政主管部门反映,因为我国《固体废物污染环境防治法》第四十四条明确规定:"禁止擅自关闭、闲置或者拆除生活垃圾处置的设施、场所;确有必要关闭、闲置或拆除城市生活垃圾处置设施、场所,必须经所在地县级以上地方人民政府环境卫生行政主管部门和环境保护行政主管部门核准,并采取措施,防止污染环境。"

专家支招:

关于固体废物的处理,在填埋这一块,无论是生活固体垃圾还是工业固体废物垃圾,均不能在国务院和国务院有关主管部门及省、自治区、直辖市人民政府划定的自然保护区、风景名胜区、生活饮用水源地和其他需要特别保护的区域内进行,在其他区域也需要建立专门的固体废物处理设施进行处理。

如果说,固体废物的处理在填埋这一块上是有条件的限制,那么在向河流等水体倾倒方面就是完全的禁止了。《中华人民共和国固体废物污染环境防治法》第十七条规定,"收集、贮存、运输、利用、处置固体废物的单位和个人,必须采取防扬散、防流失、防渗漏或者其他防止污染环境的措施;不得擅自倾倒、堆放、丢弃、遗撒固体废物。禁止任何单位或者个人向江河、湖泊、运河、渠道、水库及其最高水位线以下的滩地和岸坡等法律、法规规定禁止倾倒、堆放废弃物的地点倾倒、堆放固体废物。"

此外,《中华人民共和国固体废物污染环境防治法》对于固体废物污染的主管部门也进行了规定,《固体废物污染环境防治法》第十条规定,"国务院环境保护行政主管部门对全国固体废物污染环境的防治工作实施统一监督管理。国务院有关部门在各自的职责范围内负责固体废物污染环境防治的监督管理工作。

县级以上地方人民政府环境保护行政主管部门对本行政区域内固体废物污染环境的防治工作实施统一监督管理。县级以上地方人民政府有关部门在各自的职责范围内负责固体废物污染环境防治的监督管理工作。国务院建设行政主管部门和县级以上地方人民政府环境卫生行政主管部门负责生活垃圾清扫、收集、贮存、运输和处置的监督管理工作。"即原则上固体废物污染的主管单位是各级环境保护行政主管部门(环保局),生活垃圾由环境卫生行政主管部门(卫生局)主管,其余行政部门在职责范围内对固体废物污染有管理职责。

38.固体废物可以随意转移吗?

❖   ❖   ❖

固体废物虽然污染扩散性较大气污染、水污染小一点,但也会造成污染事故。所以如果发生固体废物转移的事情,对固体废物接收地方的居民,终归是有害的,那么固体废物的转移在法律上有无限制性的规定呢?

案例:

湖北省 A 市甲冶炼厂为转移有毒化工废渣,在未经有关部门同意的情况下, 先后两次与无处理能力的湖南省 B 县乙化工厂签订了处理化工废渣的合同书,并在合同书中约定:乙化工厂处置废渣造成的后果由乙化工厂自己承担,与甲冶炼厂无关。于是甲冶炼厂先后两次将化工废渣转移给乙化工厂。乙化工厂未经任何处理,将这些废渣倾倒在 B 县郊区。经群众举报,B 县环保局进行调查监测,发现该地区的地表水、地下水已受到严重污染,给这一区域的生态环境、社会稳定带来极大危险,对国家财产和人民健康造成严重损害。B 县人民政府及环保局多次与 A 市甲冶炼厂协商,该冶炼厂拒不承担责任。B 县环保局以受害人的身份以甲冶炼厂和乙化工厂为被告, 向中级人民法院提起民事赔偿诉讼。在庭审中,甲冶炼厂以 B 县环保局不具备民事诉讼主体资格,要求法院驳回 B 县环保局的起诉。同时还辩称,合同书中已明确规定:转移危险废物的一切后果由乙化工厂承担,与甲冶炼厂无关。因此,甲冶炼厂不应作为被告。

请问：

1.本案中,甲冶炼厂和乙化工厂违反了哪些法律规定?

2.甲冶炼厂的庭审理由是否成立? 为什么?

专家解析：

本案中,甲冶炼厂与乙化工厂地处两个省份,甲冶炼厂将产生的工业固体废物转移给乙处理,并约定如果发生污染后果由乙承担,结果转移至 B 县的固体废物造成了环境污染。

首先, 甲冶炼厂将固体废物运送到 B 县的行为即构成跨省转移固体废物的行为。《中华人民共和国固体废物污染环境防治法》第二十三条规定:"转移固体废物出省、自治区、直辖市行政区域贮存、处置的,应当向固体废物移出地的省、自治区、直辖市人民政府环境保护行政主管部门提出申请。移出地的省、自治区、直辖市人民政府环境保护行政主管部门应当商经接受地的省、自治区、直辖市人民政府环境保护行政主管部门同意后,方可批准转移该固体废物出省、自治区、直辖市行政区域。未经批准的,不得转移。"

本案中甲冶炼厂并未向湖北省环保厅提出申请,也未经批准,仅是与乙化工厂进行了私下约定,所以其行为是违反了《固体废物污染环境防治法》中规定的控制固体废物转移的制度。

其次,甲冶炼厂将固体废物遇到 B 县后,并未采取防止污染的手段,而是直接堆放在 B 县。根据《固体废物污染环境防治法》第十七条第一款的规定,"收集、贮存、运输、利用、处置固体废物的单位和个人,必须采取防扬散、防流失、防渗漏或者其他防止污染环境的措施;不得擅自倾倒、堆放、丢弃、遗撒固体废物。"甲冶炼厂的堆放行为显然是违法的。

本案中,甲冶炼厂提出了抗辩:1.B县环保局不是受害者,不应当作为原告;2.甲冶炼厂已经与乙化工厂约定后果由乙化工厂承担,甲不应作为被告。

关于第一点,B县环保局向人民法院提起的诉讼是环境污染诉讼,根据《民事诉讼法》第五十五条规定,"对污染环境、侵害众多消费者合法权益等损害社会公共利益的行为,法律规定的机关和有关组织可以向人民法院提起诉讼。"具有固体废物污染监督管理职责的机关和组织是有权提起诉讼的,而且根据《固体废物污染环境防治法》第十条的规定,"县级以上地方人民政府环境保护行政主管部门对本行政区域内固体废物污染环境的防治工作实施统一监督管理。"B县环保局显然是具有监督管理固体废物污染的,因此,B县环保局可以作为原告。

关于第二点,本案是环境污染案件,甲冶炼厂实施了污染行为(即堆放固体废物的行为),存在污染后果(该地区的地表水、地下水已受到严重污染,给这一区域的生态环境、社会稳定带来极大危险),污染行为与污染后果之间存在因果关系,且不存在免责事由(不可抗力),理应承担责任。虽然本案中甲冶炼厂与乙化工厂有约定责任由乙化工厂承担,但那属于内部约定,不能对受害者生效。

专家支招:

《中华人民共和国固体废物污染环境防治法》对控制固体废物转移制度进行了规定,但并不限于案例中涉及的《固体废物污染环境防治法》二十三条的规定。《固体废物污染环境防治法》第五十九条也规定了控制固体废物(危险废物)转移制度,"转移危险废物的,必须按照国家有关规定填写危险废物转移联单,并向危险废物移出地设区的市级以上地方人民政府环境保护行政主管部门提出申请。移出地设区的市级以上地方人民政府环境保护行政主管部门应当商经接受地设区的市级以上地方人民政府环境保护行政主管部门同意后，方可批准转移该危险废物。未经批准的，不得转移。转移危险废物途经移出地、接受地以外行政区域的，危险废物移出地设区的市级以上地方人民政府环境保护行政主管部门应当及时通知沿途经过的设区的市级以上地方人民政府环境保护行政主管部门"。

39.企业变更，还需要处理固体废物吗？

很多从事生产经营的企事业单位在生产经营过程中会产生大量的固体废物，生产过程中这些企事业单位也配备有相应的贮存、处置设施。但是在市场竞争中，这些企事业单位会由于市场需求，进行变更，那么变更后，这些固体废物还要处理吗？

案例：

A 化肥厂是甲市的龙头化肥企业，该厂在正常生产经营中会产生大量的固体废物，但 A 厂也配备了相应的贮存、处置设备，生产经营完全符合法律规定。2006 年，A 化肥厂领导班子重组，决议改变企业经营方向，转行至网络领域，遂进行了变更登记。A 厂正式更名为 B 厂，生产经营范围改为网站设计，但 A 厂仍存有大量固体废物未作处理，堆积于甲市的城郊。2007 年，A 厂附近居民向环保局反映此事，请问：剩余的固体废物应当由谁负责处理？

专家解析：

本案中，产生工业固体废物的单位是 A 化肥厂，但 2006 年 A 厂进行了变更，变更为 B 厂，且经营范围不再产生工业固体废物。虽然 A 厂在法律层面上已经不复存在，但其遗留下的工业固体废物还需处理。

根据《中华人民共和国固体废物污染环境防治法》第三十五条第二款的规定，"产生工业固体废物的单位发生变更的，变更后的单位应当按照国家有关环境保护的规定对未处置的工业固体废物及其贮存、处置的设施、场所进行安全处置或者采取措施保证该设施、场所安全运行。变更前当事人对工业固体废物及其贮存、处置的设施、场所的污染防治责任另有约定的，从其约定；但是，不得免除当事人的污染防治义务。"B 厂作为 A 厂变更后的单位，理应承担污染治理责任。

专家支招：

《中华人民共和国固体废物污染环境防治法》第三十五条的规定内容不限于终止、变更后的企事业单位对于剩余固体废物的处置方面，还涉及了对工业固体废物贮存、处置设施进行处置的责任的规定。

而且需要的注意的是在企事业单位变更的情形下，如果变更前当事人工业固体废物及其贮存、处置的设施、场所的污染防治责任有约定的，按约定处理。但是当事人有免除自身防治义务的约定，对外部是不发生效力的。

40.企业倒闭，固体废物谁来买单？

很多从事生产经营的企事业单位在生产经营过程中会产生大量的固体废物，生产过程中这些企事业单位也配备有相应的贮存、处置设施。但是在市场竞争中，总会有企事业单位倒闭，倒闭之后的固体废物谁来买单呢？

案例：

A 化肥厂是甲市的龙头化肥企业，该厂在正常生产经营中会产生大量的固体废物，但 A 厂也配备了相应的贮存、处置设备。2002 年，A化肥厂经营不善，破产，并将其土地使用权依法转让给 B 厂。但 A 厂仍存有大量固体废物未作处理，堆积于甲市的城郊。2007 年，A 厂附近居民向环保局反映此事，请问：剩余的固体废物应当由谁负责处理？

专家解析：

A 化肥厂因经营不善导致破产，但是剩余大量固体废物未作处理，堆积于甲市市郊。即属于产生工业固体废物的单位终止的，根据《中华人民共和国固体废物污染环境防治法》第三十五条第一款的规定，"产生工业固体废物的单位需要终止的，应当事先对工业固体废物的贮存、处置的设施、场所采取污染防治措施，并对未处置的工业固体废物作出妥善处置，防止污染环境。"故 A 化肥厂在破产前应当先处置好工业固体废物。但《中华人民共和国固体废物污染环境防治法》实施于 2005 年

4月1日,A厂破产于2003年,根据《固体废物污染环境防治法》第三十五条第三款的规定,"对本法施行前已经终止的单位未处置的工业固体废物及其贮存、处置的设施、场所进行安全处置的费用,由有关人民政府承担;但是,该单位享有的土地使用权依法转让的,应当由土地使用权受让人承担处置费用。当事人另有约定的,从其约定;但是,不得免除当事人的污染防治义务。"因B厂依法取得了A厂的土地使用权,故处置剩余固体废物的费用由B厂承担。

41.国家对危险固体废物是如何规定的?

固体废物有很多种,但是危害性最大的无疑就是危险固体废物。而且如果生活在一个工业发达的地区,危险固体废物还是比较常见的。对此,国家制定了一系列的规章制度。所以,为了更好的维护自己的权利,也为了自身的健康,了解有关规定还是极为必要的。

案例:

A公司是一家生产化学试剂的公司,生产经营过程中不可避免的会产生大量的化工固体废料,这种化工固体废料是属于危险固体废物的范畴的。A公司为了防止化工固体废料,在市郊购买了一块土地,打算用于填埋这批废料。2006年,环保局告知A公司该化工废料属于国家规定的不适合填埋的危险废物,并要求缴纳危险废物排污费。

A公司缴纳了排污费,并不再填埋废料,转为堆放在该土地上。2007年,该土地附近居民出现了中毒事件,遂向环保局要求处理,环保局责令 A 公司限期治理。但 A 公司对堆积的化工废料并未做任何处置,只是与无经营许可证的 B 公司签了份委托处置协议,约定化工废料由 B 公司处置,一切后果由 B 公司承担。

　　问:1.A 公司违反了哪些法律规定?

　　2.对于 A 公司不治理的行为,环保局应该怎么办?

专家解析:

　　本案中,A 公司共实施了以下行为:1.填埋化工固体废料(规定不适合填埋);2. 随意堆积化工固体废料;3. 拒绝履行环保局限期治理的要求;4.委托 B 公司处置化工固体废料。

　　根据《中华人民共和国固体废物污染环境防治法》第五十六条的规定,"以填埋方式处置危险废物不符合国务院环境保护行政主管部门规定的,应当缴纳危险废物排污费。危险废物排污费征收的具体办法由国务院规定。危险废物排污费用于污染环境的防治,不得挪作他用。"A 公司出产的化工固体废料属于"填埋方式处置危险废物不符合国务院环境保护行政主管部门规定的",应当缴纳危险废物排污费。虽然案例中没有提到造成污染后果,但如果造成污染后果,缴纳排污费不影响民事赔偿责任的承担。

　　根据《中华人民共和国固体废物污染环境防治法》第五十五条的规定,"产生危险废物的单位,必须按照国家有关规定处置危险废物,不得擅自倾倒、堆放;不处置的,由所在地县级以上地方人民政府环境保护行政主管部门责令限期改正。"A 公司擅自堆放危险废物的行为是显然违法的。

　　根据《中华人民共和国固体废物污染环境防治法》第五十五条的规定,"逾期不处置或者处置不符合国家有关规定的, 由所在地县级以上地方人民政府环境保护行政主管部门指定单位按照国家有关规定代为处置,处置费用由产生危险废物的单位承担",面对 A 公司不配合的行为,县级以上环保局是可以选择有治理资质的单位对此进行处理,然后要求 A 公司承担相应费用。

根据《中华人民共和国固体废物污染环境防治法》第五十七条第三款的规定,"禁止将危险废物提供或者委托给无经营许可证的单位从事收集、贮存、利用、处置的经营活动。"B 公司无经营许可证,因此 A 公司委托 B 公司处置危险废物的行为也是不符合法律规定的。

专家支招:

由于危险废物的重污染、重危害性,《中华人民共和国固体废物污染环境防治法》不仅规定了上述的安置、处理制度,还规定了危险废物的生产单位应当事前向有关部门申报的申报制度、处理危险废物的单位需要资质的审批制度、危险废物的运输贮存制度及突发事故处理制度,详见《中华人民共和国固体废物污染环境防治法》第五十三条、五十七条、六十条、六十一条、六十二条、六十三条。

第五十三条 产生危险废物的单位,必须按照国家有关规定制定危险废物管理计划,并向所在地县级以上地方人民政府环境保护行政主管部门申报危险废物的种类、产生量、流向、贮存、处置等有关资料。

前款所称危险废物管理计划应当包括减少危险废物产生量和危害性的措施以及危险废物贮存、利用、处置措施。危险废物管理计划应当报产生危险废物的单位所在地县级以上地方人民政府环境保护行政主管部门备案。

本条规定的申报事项或者危险废物管理计划内容有重大改变的,应当及时申报。

第五十七条 从事收集、贮存、处置危险废物经营活动的单位,必须向县级以上人民政府环境保护行政主管部门申请领取经营许可证;从事利用危险废物经营活动的单位,必须向国务院环境保护行政主管部门或者省、自治区、直辖市人民政府环境保护行政主管部门申请领取经营许可证。具体管理办法由国务院规定。

禁止无经营许可证或者不按照经营许可证规定从事危险废物收集、贮存、利用、处置的经营活动。

禁止将危险废物提供或者委托给无经营许可证的单位从事收集、贮存、利用、处置的经营活动。

第六十条 运输危险废物,必须采取防止污染环境的措施,并遵守国家有关危险货物运输管理的规定。

禁止将危险废物与旅客在同一运输工具上载运。

第六十一条 收集、贮存、运输、处置危险废物的场所、设施、设备和容器、包装物及其他物品转做他用时,必须经过消除污染的处理,方可使用。

第六十二条 产生、收集、贮存、运输、利用、处置危险废物的单位,应当制定意外事故的防范措施和应急预案,并向所在地县级以上地方人民政府环境保护行政主管部门备案;环境保护行政主管部门应当进行检查。

第六十三条 因发生事故或者其他突发性事件,造成危险废物严重污染环境的单位,必须立即采取措施消除或者减轻对环境的污染危害,及时通报可能受到污染危害的单位和居民,并向所在地县级以上地方人民政府环境保护行政主管部门和有关部门报告,接受调查处理。

42.变电站附近建房，业主如何维权？

随着现今城市化进程的推进,在一些发达城市,用寸土寸金来形容都不为过。因此,就会有开发商不顾变电站这种高辐射区的危害而在附近建设房屋,面对这种情况,业主应该怎么维权呢?

案例 1:

南湖小区属大型居民住宅区, 住宅区内建有一座800 千伏以上变电站。过去该变电站附近没有任何建筑,后房产开发商为充分利用土地,便在离变电站不到 2 米的地方开始修建两座居楼。后买楼房的居民从报纸上了解到电磁辐射本身是一种污染要素, 人体暴露在强电磁场中会受到一些有害影响,于是纷纷向小区开发商反映,要求停止建设居民楼。开发商告知,居民楼的建设规划已经过规划局批准,不存在违法问题,对居民的要求置之不理。居民无奈以规划局和开发商为被告向法院提起民事侵权诉讼,诉讼请求为:(1)撤销已批准的居民楼建设规划;(2)终止购房合同,返还购房款。

请问:1.本案违反了《电磁辐射环境保护管理办法》中的哪些规定?

2.法院是否受理居民的诉讼?

3.居民应当如何维权呢?

专家解析:

本案违反了《电磁辐射环境保护管理办法》第二十条的规定:"在集

中使用大型电磁辐射发射设施或高频设备的周围，按环境保护和城市规划要求划定的规划限制区内，不得修建居民住宅和幼儿园等敏感建筑。"本案中变电站电压已超过100千伏,属于电磁辐射建设项目,在其周围附近不得建设居民楼。因此,规划局同意在离800千伏的变电站不到2米的地方修建居民楼是严重违反国家法律规定的。

法院应驳回居民的诉讼。因为居民诉讼请求中包括了两类诉讼,要求撤销已批准的居民楼建设规划属于行政诉讼的范畴，应以规划局为被告提起行政诉讼;要求终止购房合同,返还购房款属于民事诉讼的范畴,应以房产开发商为被告,提起民事诉讼。本案中,居民将这两种诉讼混为一体,是不符合法律规定的。

关于居民如何维权的问题,本案中居民尚未搬入房屋居住,不存在污染损害赔偿问题,关键就在于如何解除房屋买卖合同,收回购房款。如前文所述,居民楼的修建严重违反了《电磁辐射环境保护管理办法》第二十条的规定,不适宜居住。作为房屋,不适宜居住即存在重大瑕疵。开发商交付的房屋的义务存在重大瑕疵，因此居民们可以此要求解除房屋买卖合同。

案例2：

张某是甲市居民,2006年在甲市某区修建了4间房屋，用于居住。2007年甲市供电局未经张某同意,在张某的4间房屋上方架设了高压线,张某遂向甲市人民法院提起诉讼,诉称"供电局架设高压导线跨越房屋屋顶,使我居所变为电力设施保护区。高压线路所产生的电磁波已被国家法规列入环境污染的污染源之一，足见其对我的人身安全构成损害和威胁,请求法院判令被告拆除架线,排除妨碍,以保护原告的合法权益。"

请问：张某的诉请能得到支持吗？

专家解析：

甲市供电局的行为是未经张某同意，擅自在张某的房屋上方架设高压线。根据《电力设施保护条例》第二十一条的规定，"新建架空电力线路不得跨越储存易燃、易爆物品仓库的区域；一般不得跨越房屋，特殊情况需要跨越房屋时，电力建设企业应采取安全措施，并与有关单位达成协议。"甲市供电局并未取得张某同意，是违反法律规定的。因此，张某的诉请能得到支持。

但需要注意的是，公民、法人在保护自己合法权益不受损害的同时，不得损害国家的、集体的、其他公民的合法利益。如果本案中甲市供电局能充分举证证明了该跨越具有不可避免性，并已在经济和影响最小方面尽了最大努力，且未对原张某生活形成实质性内容的妨碍，那么张某的诉请就不一定能得到法院的支持了。

43.医疗废物可以通过铁路运输吗？

现阶段，医疗事业蓬勃发展，社区医院、大型医院遍布城市，随之而来的就是每天会产生大量的医疗废物。众所周知，医疗废物往往会具有传染性、毒性等危害，那么处置医疗废物就成为一个非常重要的问题。

案例：

A医院是甲市的一家大型医院，在经营中总会产生大量的医疗废物。平时,A医院一般是将医疗废物送往甲市的医疗废物的集中处置单位处置。2006年,乙市一家企业B公司向A医院提出,愿意收购A医院产生的医疗废物。面对可以赚一笔收购款与省一笔处置费的诱惑,A医院答应了B公司的要求,约定通过铁路运输该批医疗废物去乙市。在送往乙市的路上,突发天降大雨大风,将火车上的防风防雨设备全吹散,并导致医疗废物浸湿,散布到其他有乘客的车厢。后查,当天乘坐该列车的乘客李某因此患病。李某遂向A医院要求损害赔偿,A医院不同意,A医院称:1.该笔医疗废物是B公司购买的,所有权已经归属B公司,故不应由A医院承担责任;2.运送过程中已经采取了防风防雨措施,天降大雨大风纯属不可抗力,依法可以免责。

请问:李某的要求有道理吗?

专家解析:

本案中李某的损害是由医疗废物污染导致,既属于医疗废物污染案件,也属于侵权案件。因此,需要适用《医疗废物管理条例》与《侵权责任法》的有关规定。

本案中李某的致害原因是医疗废物散落,医疗废物的散落是因大风大雨所致。表面上看A公司采取了防风防雨措施,天降大雨大风属于不可抗力,A公司理应免责。

但根据《医疗废物管理条例》第十五条的规定,"禁止邮寄医疗废物。禁止通过铁路、航空运输医疗废物。有陆路通道的,禁止通过水路运输医疗废物;没有陆路通道必需经水路运输医疗废物的,应当经设区的市级以上人民政府环境保护行政主管部门批准,并采取严格的环境保护措施后,方可通过水路运输。禁止将医疗废物与旅客在同一运输工具上载运。禁止在饮用水源保护区的水体上运输医疗废物。"在铁路上运输医疗废物是违反法律规定的。

因此,虽然本案中出现了不可抗力,但是造成污染的原因是不可抗力与 A 医院的违法运输行为,故 A 医院也应当承担责任,不过可以不用承担全部责任。

此外,本案中 A 医院还存在一个违法行为,根据《医疗废物管理条例》第十四条的规定,"禁止任何单位和个人转让、买卖医疗废物。禁止在运送过程中丢弃医疗废物;禁止在非贮存地点倾倒、堆放医疗废物或者将医疗废物混入其他废物和生活垃圾。"A 医院是不得将医疗废物转让给 B 公司的。

专家支招:

医疗废物作为污染性、传染性、危害性都很大的一种污染源,《医疗废物管理条例》对其的运输、管理、贮存都进行了详细规定。如果遇到了医疗废物污染的时候,对此有一定的了解就很有必要。

第十七条 医疗卫生机构应当建立医疗废物的暂时贮存设施、设备,不得露天存放医疗废物;医疗废物暂时贮存的时间不得超过 2 天。

医疗废物的暂时贮存设施、设备,应当远离医疗区、食品加工区和人员活动区以及生活垃圾存放场所,并设置明显的警示标识和防渗漏、防鼠、防蚊蝇、防蟑螂、防盗以及预防儿童接触等安全措施。

医疗废物的暂时贮存设施、设备应当定期消毒和清洁。

第十八条 医疗卫生机构应当使用防渗漏、防遗撒的专用运送工具,按照本单位确定的内部医疗废物运送时间、路线,将医疗废物收集、运送至暂时贮存地点。

运送工具使用后应当在医疗卫生机构内指定的地点及时消毒和清洁。

第十九条 医疗卫生机构应当根据就近集中处置的原则,及时将医疗废物交由医疗废物集中处置单位处置。

医疗废物中病原体的培养基、标本和菌种、毒种保存液等高危险废物,在交医疗废物集中处置单位处置前应当就地消毒。

第二十条 医疗卫生机构产生的污水、传染病病人或者疑似传染病病人的排泄物,应当按照国家规定严格消毒;达到国家规定的排放标准后,方可排入污水处理系统。

第二十一条 不具备集中处置医疗废物条件的农村,医疗卫生机构应当按照县级人民政府卫生行政主管部门、环境保护行政主管部门的要求,自行就地处置其产生的医疗废物。自行处置医疗废物的,应当符合下列基本要求:

(一)使用后的一次性医疗器具和容易致人损伤的医疗废物,应当消毒并作毁形处理;

(二)能够焚烧的,应当及时焚烧;

(三)不能焚烧的,消毒后集中填埋。

44.捡到的放射性"污染"能要求赔偿吗?

通过前面的介绍,大家对环境污染侵权也有了一定的了解,大家应该都知道一个环境污染侵权案件,必然要具有污染行为、污染后果及污染行为与污染后果之间存在因果关系。但是,有的时候在路上捡到的放射物造成的污染,受害者能要求赔偿吗?

案例:

2002 年 11 月 19 日,A 市一位农民赵某在 A 市环境检测站宿舍工地干活,捡到一个亮晶晶的小东西,便放进了上衣口袋里,几小时后,便出现了恶心、呕吐等症状。十几天后,他便不明不白地死去。没过几天,在他生病期间照顾他的父亲和弟弟也得了同样的"病"而相继去世,妻子也病得不轻。后来经过医务工作者的调查,才找到了真正的病因,那个亮晶晶的小东西是废弃的钴 60,其放射性强度高达 10 居里,足以"照死人"。

经过调查,这个废弃的放射源——钴 60 是属于 A 市科委的。1973年,当时的 A 市科技局即现在的 A 市科委,为了培育良种,就在一家医疗器械厂的帮助下筹建了钴 60 辐照装置。后来,这几个钴源的克镭当量弱化,钴源装置不再需要。1981 年,A 市科委迁往新址,原址由地区划归 A 市环境监测站,但是,钴 60 辐照室和两间附属操作室仍归科委占用。1991 年环境监测站急于用地,就打报告请示省环保局。省环保局便安排省放射环境管理站负责放射源的收储工作。1991 年 5 月和 6 月间,A 市环境监测站白某与省放射环境管理站陈某、李某双方口头商定由省放射环境管理站对钴源进行倒装、储藏和运输。决定之后,省放射环境管理站找到中国辐射防护研究院的专家韩某和 L 某,请他们到 A 市帮助工作。6 月 20 日,陈某、李某、韩某、L 某 4 人来到忻州,参加 A 市环境监测站主持召开的"迁源论证会"。环境监测站未通知科委领导,只通知了钴源室的管理人员贺某。会上,当有人问到钴源数量时,贺某回答:"4 个。"此外,到会专家也没有收集这些钴源的其他相关资料。6 月 26日,陈某、李某负责现场检测,韩某、卜某负责倒装技术操作,贺某等人协助倒装。操作中,韩某发现,钴源数量与贺某提供的情况有差别,其中之一颜色发暗,便向贺某问原因,贺某的解释是其中有一个是防止核泄漏的"堵头"。陈某和李某也未对钴源进行监测,遂将钴源倒装封存。钴源被拉走,巨大的危险却留下来。

2004年11月初,赵某的妻子将A市科委、A市环境监测站、省放射环境管理站及中国辐射防护研究院等单位推上了被告席。赵某的妻子诉称,因原告没有管理、保管好钴60,致使张某误捡了钴源,导致人身伤亡,要求赔偿损失。

请问:上述单位与个人是否应当承担责任?

专家解析:

本案是一起放射性污染案。本案中A市科委没有办理钴60的许可登记,也没有兴建放射防护设施,且在钴源装置废弃不用时,也没用妥善处置,根据《放射性同位素与射线装置安全和防护条例》第五条、第六条的规定,"国家对放射工作实行许可登记制度,许可登记证由卫生、公安部门办理。"、"新建、改建、扩建放射工作场所的放射防护设施,必须与主体工程同时设计审批,同时施工,同时验收投产。放射防护设施的设计,必须经所在省,自治区、直辖市的卫生行政部门会同公安等部门审查同意,竣工后须经卫生、公安、环境保护等有关部门验收同意,获得许可登记证后方可启用。"A市科委的行为显然违法,对放射性污染事故的发生负有不可推卸的责任。

在本案中,钴60属于高度危险物,A市科委是其所有者,依据《中华人民共和国侵权责任法》第七十四条的规定,"遗失、抛弃高度危险物造成他人损害的,由所有人承担侵权责任。所有人将高度危险物交由他人管理的,由管理人承担侵权责任;所有人有过错的,与管理人承担连带责任。"A市科委擅自遗失高度危险物,应当承担相应的民事责任。

专家支招：

放射性污染是指核设施运行、放射性同位素和射线装置应用以及伴生放射性矿物资源开发利用与放射性废物处置活动中，因放射性物质进入环境或者贯穿辐射而造成改变环境中放射性水平，使环境质量恶化，危害人体健康或者破坏生态环境的现象。放射性污染源于放射性物质的放射性，包括天然存在物的放射性以及人工产生的放射性。我国针对放射性同位素与射线装置制定了一系列管理制度。

（1）放射工作许可登记制度。放射工作是指在生产、使用、销售放射性同位素与射线装置过程中有关放射防护工作的总称。对于从事放射工作的人员，我国实行严格的许可登记制度。对于新建、改建、扩建放射性工作场所的放射防护设施，要求必须与主体工程执行"三同时"规定。放射防护设施的设计，必须经所在省、自治区、直辖市的卫生行政部门会同公安等部门审查同意。工程竣工以后，必须经卫生、公安和环境保护等部门验收同意，并获得许可登记证后才能启用。涉及放射性废水、废气、固体废物治理的工程项目，必须在申请审查的同时，提交经环境保护部门批准的环境影响评价文件，竣工后必须经卫生、公安、环境保护等部门验收同意。在从事生产、使用、销售射线装置以及放射性同位素和含放射源的射线装置之前，必须事先向卫生部门申请许可，并向公安部门登记。当从事放射工作的单位需要改变许可登记的内容时，必须持有许可登记证件到原审批部门办理变更手续；终止放射工作时也必须持许可登记证件到原审批部门办理注销手续。

（2）县以上卫生行政部门负责本辖区内放射性同位素与射线装置的放射防护监督；各省、自治区、直辖市的环境保护部门对放射性同位素和含有放射源的射线装置在应用中排放的废水、废气、固体废物实施监督;县以上公安部门对放射性同位素应用中的安全保卫实施监督管理。

(3)放射性同位素的生产、使用、贮存场所和射线装置的生产、使用场所必须设置防护设施。其入口处必须设置放射性标志和必要的防护安全连锁、报警装置或者工作信号。放射性同位素不得与易燃、易爆、腐蚀性物品放在一起,其贮存场所必须采取有效的防火、防盗、防泄漏的安全防护措施,并指定专人负责保管。贮存、领取、使用、归还放射性同位素时必须进行登记、检查,做到账物相符。从事放射性同位素的订购、销售、转让、调拨和调用者,必须持有许可登记证并只限于在许可登记的范围内活动。严禁非经许可或者在许可登记范围之外从事上述活动。

45.石油化工企业能否建设在居民区附近?

随着城市化进程的推进,城市建筑物越来越密集。有的时候,就会基于各种原因,导致企事业单位建立在居民区附近。那么,比如石油化工企业这种储存、经营危险化学品的单位依照法律可否建在居民区附近呢?

案例:

A石油化工企业(以下简称A公司)是一家以石油化工为主要经营范围的公司。2008年,A公司扩大经营,在B小区附近购买了一块空地,用于建设液化烃罐组及其他有关设备。B小区居民得知该消息后,又听说石油汽油之类的产品属于危险化学品,不仅具有易燃易爆性,还有重污染性,遂向 A 公司提出抗议,要求 A 公司不得在 B 小区附近修建相关设备。

请问:A 公司可以在附近修建相关设备吗?

专家解析:

本案的关键问题有两个:1.石油汽油产品属不属于危险化学品? 2.如果属于危险化学品,依据法律,在居民区附近可以修建贮存设备吗?

根据《危险化学品安全管理条例》第三条的规定,"本条例所称危险化学品,是指具有毒害、腐蚀、爆炸、燃烧、助燃等性质,对人体、设施、环境具有危害的剧毒化学品和其他化学品。危险化学品目录,由国务院安全生产监督管理部门会同国务院工业和信息化、公安、环境保护、卫生、质量监督检验检疫、交通运输、铁路、民用航空、农业主管部门,根据化学品危险特性的鉴别和分类标准确定、公布,并适时调整。"石油、汽油显然属于危险化学品。

关于能否在居民区附近修建相关设施的问题,《危险化学品安全管理条例》也进行了规定。该法第十条规定:"危险化学品生产装置或者储存数量构成重大危险源的危险化学品储存设施(运输工具加油站、加气站除外),与下列场所、设施、区域的距离应当符合国家有关规定:

(一)居住区以及商业中心、公园等人员密集场所;

(二)学校、医院、影剧院、体育场(馆)等公共设施;

(三)饮用水源、水厂以及水源保护区;

(四)车站、码头(依法经许可从事危险化学品装卸作业的除外)、机场以及通信干线、通信枢纽、铁路线路、道路交通干线、水路交通干线、地铁风亭以及地铁站出入口;

(五)基本农田保护区、基本草原、畜禽遗传资源保护区、畜禽规模

化养殖场(养殖小区)、渔业水域以及种子、种畜禽、水产苗种生产基地;

(六)河流、湖泊、风景名胜区、自然保护区;

(七)军事禁区、军事管理区;

(八)法律、行政法规规定的其他场所、设施、区域。

已建的危险化学品生产装置或者储存数量构成重大危险源的危险化学品储存设施不符合前款规定的,由所在地设区的市级人民政府安全生产监督管理部门会同有关部门监督其所属单位在规定期限内进行整改;需要转产、停产、搬迁、关闭的,由本级人民政府决定并组织实施。"

因此,A公司是可以在B小区附近修建相关设施的,但是要符合国家规定的距离要求。

关于石油化工企业设施与居民区及其他地方的距离标准,我国制定了《石油化工企业设计防火规范》,该规范对距离是这么规定的:

防火间距(m)　　石油化工企业生产区　　　相邻工厂或设施	液化烃罐组	可能携带可燃液体的高架火炬	甲、乙类工艺装置或设施
居住区、公共福利设施、村庄	120	120	100
相邻工厂(围墙)	120	120	50
国家铁路线(中心线)	55	80	45
厂外企业铁路线(中心线)	45	80	35
国家或工业区铁路编组站、(铁路中心线或建筑物)	55	80	45
厂外公路(路边)	25	60	20
变配电站(围墙)	80	120	50
架空电力线路(中心线)	1.5倍塔杆高度	80	1.5倍塔杆高度
Ⅰ、Ⅱ级国家架空通信线路(中心线)	50	80	40
通航江、河、海岸边	25	80	20

附录1:

中华人民共和国大气污染防治法

中华人民共和国主席令第 32 号

第一章 总 则

第一条 为防治大气污染,保护和改善生活环境和生态环境,保障人体健康,促进经济和社会的可持续发展,制定本法。

第二条 国务院和地方各级人民政府,必须将大气环境保护工作纳入国民经济和社会发展计划,合理规划工业布局,加强防治大气污染的科学研究,采取治大气污染的措施,保护和改善大气环境。

第三条 国家采取措施,有计划地控制或者逐步削减各地方主要大气污染物的排放总量。

地方各级人民政府对本辖区的大气环境质量负责,制定规划,采取措施,使本辖区的大气环境质量达到规定的标准。

第四条 县级以上人民政府环境保护行政主管部门对大气污染防治实施统一监督管理。

各级公安、交通、铁道、渔业管理部门根据各自的职责,对机动车船污染大气实施监督管理。

县级以上人民政府其他有关主管部门在各自职责范围内对大气污

染防治实施监督管理。

第五条 任何单位和个人都有保护大气环境的义务,并有权对污染大气环境的单位和个人进行检举和控告。

第六条 国务院环境保护行政主管部门制定国家大气环境质量标准。省、自治区、直辖市人民政府对国家大气环境质量标准中未作规定的项目,可以制定地方标准,并报国务院环境保护行政主管部门备案。

第七条 国务院环境保护行政主管部门根据国家大气环境质量标准和国家经济、技术条件制定国家大气污染物排放标准。

省、自治区、直辖市人民政府对国家大气污染物排放标准中未作规定的项目,可以制定地方排放标准;对国家大气污染物排放标准中已作规定的项目,可以制定严于国家排放标准的地方排放标准。地方排放标准须报国务院环境保护行政主管部门备案。

省、自治区、直辖市人民政府制定机动车船大气污染物地方排放标准严于国家排放标准的,须报经国务院批准。

凡是向已有地方排放标准的区域排放大气污染物的,应当执行地方排放标准。

第八条 国家采取有利于大气污染防治以及相关的综合利用活动的经济、技术政策和措施。

在防治大气污染、保护和改善大气环境方面成绩显著的单位和个人,由各级人民政府给予奖励。

第九条 国家鼓励和支持大气污染防治的科学技术研究,推广先进适用的大气污染防治技术;鼓励和支持开发、利用太阳能、风能、水能等清洁能源。

国家鼓励和支持环境保护产业的发展。

第十条 各级人民政府应当加强植树种草、城乡绿化工作,因地制宜地采取有效措施做好防沙治沙工作,改善大气环境质量。

第二章 大气污染防治的监督管理

第十一条 新建、扩建、改建向大气排放污染物的项目,必须遵守国家有关建设项目环境保护管理的规定。

建设项目的环境影响报告书,必须对建设项目可能产生的大气污染和对生态环境的影响作出评价,规定防治措施,并按照规定的程序报环境保护行政主管部门审查批准。

建设项目投入生产或者使用之前,其大气污染防治设施必须经过环境保护行政主管部门验收,达不到国家有关建设项目环境保护管理规定的要求的建设项目,不得投入生产或者使用。

第十二条 向大气排放污染物的单位,必须按照国务院环境保护行政主管部门的规定向所在地的环境保护行政主管部门申报拥有的污染物排放设施、处理施和在正常作业条件下排放污染物的种类、数量、浓度,并提供防治大气污染方面的有关技术资料。

前款规定的排污单位排放大气污染物的种类、数量、浓度有重大改变的,应当及时申报;其大气污染物处理设施必须保持正常使用,拆除或者闲置大气污染物处理设施的,必须事先报经所在地的县级以上地方人民政府环境保护行政主管部门批准。

第十三条 向大气排放污染物的,其污染物排放浓度不得超过国家和地方规定的排放标准。

第十四条 国家实行按照向大气排放污染物的种类和数量征收排污费的制度,根据加强大气污染防治的要求和国家的经济、技术条件合理制定排污费的征标准。

征收排污费必须遵守国家规定的标准，具体办法和实施步骤由国务院规定。

征收的排污费一律上缴财政，按照国务院的规定用于大气污染防治，不得挪作他用，并由审计机关依法实施审计监督。

第十五条 国务院和省、自治区、直辖市人民政府对尚未达到规定的大气环境质量标准的区域和国务院批准划定的酸雨控制区、二氧化硫污染控制区，可划定为主要大气污染物排放总量控制区。主要大气污染物排放总量控制的具体办法由国务院规定。

大气污染物总量控制区内有关地方人民政府依照国务院规定的条件和程序，按照公开、公平、公正的原则，核定企业事业单位的主要大气污染物排放总量，核发主要大气污染物排放许可证。

有大气污染物总量控制任务的企业事业单位，必须按照核定的主要大气污染物排放总量和许可证规定的排放条件排放污染物。

第十六条 在国务院和省、自治区、直辖市人民政府划定的风景名胜区、自然保护区、文物保护单位附近地区和其他需要特别保护的区域内，不得建设污环境的工业生产设施；建设其他设施，其污染物排放不得超过规定的排放标准。在本法施行前企业事业单位已经建成的设施，其污染物排放超过规定的排放标准的，依照本法第四十八条的规定限期治理。

第十七条 国务院按照城市总体规划、环境保护规划目标和城市大气环境质量状况，划定大气污染防治重点城市。

直辖市、省会城市、沿海开放城市和重点旅游城市应当列入大气污染防治重点城市。

未达到大气环境质量标准的大气污染防治重点城市，应当按照国务院或者国务院环境保护行政主管部门规定的期限，达到大气环境质量标准。该城市人民政府应当制定限期达标规划，并可以根据国务院的授权或者规定，采取更加严格的措施，按期实现达标规划。

第十八条 国务院环境保护行政主管部门会同国务院有关部门，根据气象、地形、土壤等自然条件，可以对已经产生、可能产生酸雨的地区或者其他二氧硫污染严重的地区，经国务院批准后，划定为酸雨控制区或者二氧化硫污染控制区。

第十九条 企业应当优先采用能源利用效率高、污染物排放量少的清洁生产工艺，减少大气污染物的产生。

国家对严重污染大气环境的落后生产工艺和严重污染大气环境的落后设备实行淘汰制度。

国务院经济综合主管部门会同国务院有关部门公布限期禁止采用的严重污染大气环境的工艺名录和限期禁止生产、禁止销售、禁止进口、禁止使用的严重污染大气环境的设备名录。

生产者、销售者、进口者或者使用者必须在国务院经济综合主管部门会同国务院有关部门规定的期限内分别停止生产、销售、进口或者使用列入前款规定的名录中的设备。生产工艺的采用者必须在国务院经济综合主管部门会同国务院有关部门规定的期限内停止采用列入前款规定的名录中的工艺。

依照前两款规定被淘汰的设备，不得转让给他人使用。

第二十条 单位因发生事故或者其他突然性事件，排放和泄漏有毒有害气体和放射性物质，造成或者可能造成大气污染事故、危害人体健康的，必须立即取防治大气污染危害的应急措施，通报可能受到大气污染危害的单位和居民，并报告当地环境保护行政主管部门，接受调查处理。

在大气受到严重污染，危害人体健康和安全的紧急情况下，当地人民政府应当及时向当地居民公告，采取强制性应急措施，包括责令有关排污单位停止排放污染物。

第二十一条 环境保护行政主管部门和其他监督管理部门有权对管辖范围内的排污单位进行现场检查，被检查单位必须如实反映情况，提供必要的资料。查部门有义务为被检查单位保守技术秘密和业务秘密。

第二十二条 国务院环境保护行政主管部门建立大气污染监测制度，组织监测网络，制定统一的监测方法。

第二十三条 大、中城市人民政府环境保护行政主管部门应当定期发布大气环境质量状况公报，并逐步开展大气环境质量预报工作。

大气环境质量状况公报应当包括城市大气环境污染特征、主要污染物的种类及污染危害程度等内容。

第三章 防治燃煤产生的大气污染

第二十四条 国家推行煤炭洗选加工，降低煤的硫份和灰份，限制高硫份、高灰份煤炭的开采。新建的所采煤炭属于高硫份、高灰份的煤矿，必须建设配的煤炭洗选设施，使煤炭中的含硫份、含灰份达到规定的标准。

对已建成的所采煤炭属于高硫份、高灰份的煤矿，应当按照国务院批准的规划，限期建成配套的煤炭洗选设施。

禁止开采含放射性和砷等有毒有害物质超过规定标准的煤炭。

第二十五条 国务院有关部门和地方各级人民政府应当采取措施，改进城市能源结构，推广清洁能源的生产和使用。

大气污染防治重点城市人民政府可以在本辖区内划定禁止销售、使用国务院环境保护行政主管部门规定的高污染燃料的区域。该区域内的单位和个人应当在当地人民政府规定的期限内停止燃用高污染燃料，改用天然气、液化石油气、电或者其他清洁能源。

第二十六条 国家采取有利于煤炭清洁利用的经济、技术政策和措施，鼓励和支持使用低硫份、低灰份的优质煤炭，鼓励和支持洁净煤技术的开发和推广

第二十七条 国务院有关主管部门应当根据国家规定的锅炉大气污染物排放标准，在锅炉产品质量标准中规定相应的要求；达不到规定要求的锅炉，不得造、销售或者进口。

第二十八条 城市建设应当统筹规划，在燃煤供热地区，统一解决热源，发展集中供热。在集中供热管网覆盖的地区，不得新建燃煤供热锅炉。

第二十九条 大、中城市人民政府应当制定规划，对饮食服务企业限期使用天然气、液化石油气、电或者其他清洁能源。

对未划定为禁止使用高污染燃料区域的大、中城市市区内的其他民用炉灶，限期改用固硫型煤或者使用其他清洁能源。

第三十条 新建、扩建排放二氧化硫的火电厂和其他大中型企业，超过规定的污染物排放标准或者总量控制指标的，必须建设配套脱硫、除尘装置或者采其他控制二氧化硫排放、除尘的措施。

在酸雨控制区和二氧化硫污染控制区内，属于已建企业超过规定的污染物排放标准排放大气污染物的，依照本法第四十八条的规定限

期治理。

国家鼓励企业采用先进的脱硫、除尘技术。

企业应当对燃料燃烧过程中产生的氮氧化物采取控制措施。

第三十一条 在人口集中地区存放煤炭、煤矸石、煤渣、煤灰、砂石、灰土等物料,必须采取防燃、防尘措施,防止污染大气。

第四章 防治机动车船排放污染

第三十二条 机动车船向大气排放污染物不得超过规定的排放标准。

任何单位和个人不得制造、销售或者进口污染物排放超过规定排放标准的机动车船。

第三十三条 在用机动车不符合制造当时的在用机动车污染物排放标准的,不得上路行驶。

省、自治区、直辖市人民政府规定对在用机动车实行新的污染物排放标准并对其进行改造的,须报经国务院批准。

机动车维修单位,应当按照防治大气污染的要求和国家有关技术规范进行维修,使在用机动车达到规定的污染物排放标准。

第三十四条 国家鼓励生产和消费使用清洁能源的机动车船。

国家鼓励和支持生产、使用优质燃料油,采取措施减少燃料油中有害物质对大气环境的污染。单位和个人应当按照国务院规定的期限,停止生产、进口、销售含铅汽油。

第三十五条 省、自治区、直辖市人民政府环境保护行政主管部门可以委托已取得公安机关资质认定的承担机动车年检的单位,按照规范对机动车排气污进行年度检测。

交通、渔政等有监督管理权的部门可以委托已取得有关主管部门资质认定的承担机动船舶年检的单位，按照规范对机动船舶排气污染进行年度检测。

县级以上地方人民政府环境保护行政主管部门可以在机动车停放地对在用机动车的污染物排放状况进行监督抽测。

第五章 防治废气、尘和恶臭污染

第三十六条 向大气排放粉尘的排污单位，必须采取除尘措施。

严格限制向大气排放含有毒物质的废气和粉尘；确需排放的，必须经过净化处理，不超过规定的排放标准。

第三十七条 工业生产中产生的可燃性气体应当回收利用，不具备回收利用条件而向大气排放的，应当进行防治污染处理。

向大气排放转炉气、电石气、电炉法黄磷尾气、有机烃类尾气的，须报经当地环境保护行政主管部门批准。

可燃性气体回收利用装置不能正常作业的，应当及时修复或者更新。在回收利用装置不能正常作业期间确需排放可燃性气体的，应当将排放的可燃性气体充分燃烧或者采取其他减轻大气污染的措施。

第三十八条 炼制石油、生产合成氨、煤气和燃煤焦化、有色金属冶炼过程中排放含有硫化物气体的，应当配备脱硫装置或者采取其他脱硫措施。

第三十九条 向大气排放含放射性物质的气体和气溶胶，必须符合国家有关放射性防护的规定，不得超过规定的排放标准。

第四十条 向大气排放恶臭气体的排污单位，必须采取措施防止周围居民区受到污染。

第四十一条 在人口集中地区和其他依法需要特殊保护的区域内，禁止焚烧沥青、油毡、橡胶、塑料、皮革、垃圾以及其他产生有毒有害烟尘和恶臭气体的物质。

禁止在人口集中地区、机场周围、交通干线附近以及当地人民政府划定的区域露天焚烧秸秆、落叶等产生烟尘污染的物质。

除前两款外，城市人民政府还可以根据实际情况，采取防治烟尘污染的其他措施。

第四十二条 运输、装卸、贮存能够散发有毒有害气体或者粉尘物质的，必须采取密闭措施或者其他防护措施。

第四十三条 城市人民政府应当采取绿化责任制、加强建设施工管理、扩大地面铺装面积、控制渣土堆放和清洁运输等措施，提高人均占有绿地面积，减市区裸露地面和地面尘土，防治城市扬尘污染。

在城市市区进行建设施工或者从事其他产生扬尘污染活动的单位，必须按照当地环境保护的规定，采取防治扬尘污染的措施。

国务院有关行政主管部门应当将城市扬尘污染的控制状况作为城市环境综合整治考核的依据之一。

第四十四条 城市饮食服务业的经营者，必须采取措施，防治油烟对附近居民的居住环境造成污染。

第四十五条 国家鼓励、支持消耗臭氧层物质替代品的生产和使用，逐步减少消耗臭氧层物质的产量，直至停止消耗臭氧层物质的生产和使用。

在国家规定的期限内，生产、进口消耗臭氧层物质的单位必须按照国务院有关行政主管部门核定的配额进行生产、进口。

第六章 法律责任

第四十六条 违反本法规定,有下列行为之一的,环境保护行政主管部门或者本法第四条第二款规定的监督管理部门可以根据不同情节,责令停止违法行,限期改正,给予警告或者处以五万元以下罚款:

(一)拒报或者谎报国务院环境保护行政主管部门规定的有关污染物排放申报事项的;

(二)拒绝环境保护行政主管部门或者其他监督管理部门现场检查或者在被检查时弄虚作假的;

(三)排污单位不正常使用大气污染物处理设施,或者未经环境保护行政主管部门批准,擅自拆除、闲置大气污染物处理设施的;

(四)未采取防燃、防尘措施,在人口集中地区存放煤炭、煤矸石、煤渣、煤灰、砂石、灰土等物料的。

第四十七条 违反本法第十一条规定,建设项目的大气污染防治设施没有建成或者没有达到国家有关建设项目环境保护管理的规定的要求,投入生产或者用的,由审批该建设项目的环境影响报告书的环境保护行政主管部门责令停止生产或者使用, 可以并处一万元以上十万元以下罚款。

第四十八条 违反本法规定,向大气排放污染物超过国家和地方规定排放标准的,应当限期治理,并由所在地县级以上地方人民政府环境保护行政主管部处一万元以上十万元以下罚款。限期治理的决定权限和违反限期治理要求的行政处罚由国务院规定。

第四十九条 违反本法第十九条规定,生产、销售、进口或者使用禁止生产、销售、进口、使用的设备,或者采用禁止采用的工艺的,由县级以上人民政经济综合主管部门责令改正;情节严重的,由县级以上人民政府经济综合主管部门提出意见,报请同级人民政府按照国务院规定的权限责令停业、关闭。

将淘汰的设备转让给他人使用的,由转让者所在地县级以上地方人民政府环境保护行政主管部门或者其他依法行使监督管理权的部门没收转让者的违法所得,并处违法所得两倍以下罚款。

第五十条 违反本法第二十四条第三款规定,开采含放射性和砷等有毒有害物质超过规定标准的煤炭的,由县级以上人民政府按照国务院规定的权限责令关闭。

第五十一条 违反本法第二十五条第二款或者第二十九条第一款的规定,在当地人民政府规定的期限届满后继续燃用高污染燃料的,由所在地县级以上地人民政府环境保护行政主管部门责令拆除或者没收燃用高污染燃料的设施。

第五十二条 违反本法第二十八条规定,在城市集中供热管网覆盖地区新建燃煤供热锅炉的,由县级以上地方人民政府环境保护行政主管部门责令停止违法行为或者限期改正,可以处五万元以下罚款。

第五十三条 违反本法第三十二条规定,制造、销售或者进口超过污染物排放标准的机动车船的,由依法行使监督管理权的部门责令停止违法行为,没收非法所得,可以并处违法所得一倍以下的罚款;对无法达到规定的污染物排放标准的机动车船,没收销毁。

第五十四条 违反本法第三十四条第二款规定,未按照国务院规定的期限停止生产、进口或者销售含铅汽油的,由所在地县级以上地方人民政府环境保护政主管部门或者其他依法行使监督管理权的部门责令停止违法行为,没收所生产、进口、销售的含铅汽油和违法所得。

第五十五条 违反本法第三十五条第一款或者第二款规定,未取得所在地省、自治区、直辖市人民政府环境保护行政主管部门或者交通、渔政等依法行使督管理权的部门的委托进行机动车船排气污染检测的,或者在检测中弄虚作假的,由县级以上人民政府环境保护行政主管部门或者交通、渔政等依法行使监督管理权的部门责令停止违法行为,限期改正,可以处五万元以下罚款;情节严重的,由负责资质认定的部门取消承担机动车船年检的资格。

第五十六条 违反本法规定,有下列行为之一的,由县级以上地方人民政府环境保护行政主管部门或者其他依法行使监督管理权的部门责令停止违法行为限期改正,可以处五万元以下罚款:

(一)未采取有效污染防治措施,向大气排放粉尘、恶臭气体或者其他含有有毒物质气体的;

(二)未经当地环境保护行政主管部门批准,向大气排放转炉气、电石气、电炉法黄磷尾气、有机烃类尾气的;

(三)未采取密闭措施或者其他防护措施,运输、装卸或者贮存能够散发有毒有害气体或者粉尘物质的;

(四)城市饮食服务业的经营者未采取有效污染防治措施,致使排放的油烟对附近居民的居住环境造成污染的。

第五十七条 违反本法第四十一条第一款规定,在人口集中地区和其他依法需要特殊保护的区域内,焚烧沥青、油毡、橡胶、塑料、皮革、垃圾以及其他生有毒有害烟尘和恶臭气体的物质的,由所在地县级以上地方人民政府环境保护行政主管部门责令停止违法行为,处二万元以下罚款。

违反本法第四十一条第二款规定,在人口集中地区、机场周围、交通干线附近以及当地人民政府划定的区域内露天焚烧秸秆、落叶等产生烟尘污染的物质的，由所在地县级以上地方人民政府环境保护行政主管部门责令停止违法行为；情节严重的，可以处二百元以下罚款。

第五十八条　违反本法第四十三条第二款规定，在城市市区进行建设施工或者从事其他产生扬尘污染的活动，未采取有效扬尘防治措施，致使大气环境受污染的，限期改正，处二万元以下罚款；对逾期仍未达到当地环境保护规定要求的，可以责令其停工整顿。

前款规定的对因建设施工造成扬尘污染的处罚，由县级以上地方人民政府建设行政主管部门决定；对其他造成扬尘污染的处罚，由县级以上地方人民政府指定的有关主管部门决定。

第五十九条　违反本法第四十五条第二款规定，在国家规定的期限内，生产或者进口消耗臭氧层物质超过国务院有关行政主管部门核定配额的，由所在地、自治区、直辖市人民政府有关行政主管部门处二万元以上二十万元以下罚款；情节严重的，由国务院有关行政主管部门取消生产、进口配额。

第六十条　违反本法规定，有下列行为之一的，由县级以上人民政府环境保护行政主管部门责令限期建设配套设施，可以处二万元以上二十万元以下罚款

（一）新建的所采煤炭属于高硫份、高灰份的煤矿，不按照国家有关规定建设配套的煤炭洗选设施的；

（二）排放含有硫化物气体的石油炼制、合成氨生产、煤气和燃煤焦化以及有色金属冶炼的企业，不按照国家有关规定建设配套脱硫装置或者未采取其他脱硫措施的。

第六十一条　对违反本法规定，造成大气污染事故的企业事业单

位,由所在地县级以上地方人民政府环境保护行政主管部门根据所造成的危害后果处直接经济损失百分之五十以下罚款,但最高不超过五十万元;情节较重的,对直接负责的主管人员和其他直接责任人员,由所在单位或者上级主管机关依法给予行政处分或者纪律处分;造成重大大气污染事故,导致公私财产重大损失或者人身伤亡的严重后果,构成犯罪的,依法追究刑事责任。

第六十二条 造成大气污染危害的单位,有责任排除危害,并对直接遭受损失的单位或者个人赔偿损失。

赔偿责任和赔偿金额的纠纷,可以根据当事人的请求,由环境保护行政主管部门调解处理;调解不成的,当事人可以向人民法院起诉。当事人也可以直接向人民法院起诉。

第六十三条 完全由于不可抗拒的自然灾害,并经及时采取合理措施,仍然不能避免造成大气污染损失的,免于承担责任。

第六十四条 环境保护行政主管部门或者其他有关部门违反本法第十四条第三款的规定,将征收的排污费挪做他用的,由审计机关或者监察机关责令退回用款项或者采取其他措施予以追回,对直接负责的主管人员和其他直接责任人员依法给予行政处分。

第六十五条 环境保护监督管理人员滥用职权、玩忽职守的,给予行政处分;构成犯罪的,依法追究刑事责任。

第七章 附 则

第六十六条 本法自 2000 年 9 月 1 日起施行。

附录2：

中华人民共和国水污染防治法

（1984年5月11日第六届全国人民代表大会常务委员会第五次会议通过根据1996年5月15日第八届全国人民代表大会常务委员会第十九次会议《关于修改〈中华人民共和国水污染防治法〉的决定》修正2008年2月28日第十届全国人民代表大会常务委员会第三十二次会议修订）

第一章 总 则

第一条 为了防治水污染,保护和改善环境,保障饮用水安全,促进经济社会全面协调可持续发展,制定本法。

第二条 本法适用于中华人民共和国领域内的江河、湖泊、运河、渠道、水库等地表水体以及地下水体的污染防治。

海洋污染防治适用《中华人民共和国海洋环境保护法》。

第三条 水污染防治应当坚持预防为主、防治结合、综合治理的原则,优先保护饮用水水源,严格控制工业污染、城镇生活污染,防治农业面源污染,积极推进生态治理工程建设,预防、控制和减少水环境污染和生态破坏。

第四条 县级以上人民政府应当将水环境保护工作纳入国民经济

和社会发展规划。

县级以上地方人民政府应当采取防治水污染的对策和措施，对本行政区域的水环境质量负责。

第五条 国家实行水环境保护目标责任制和考核评价制度，将水环境保护目标完成情况作为对地方人民政府及其负责人考核评价的内容。

第六条 国家鼓励、支持水污染防治的科学技术研究和先进适用技术的推广应用，加强水环境保护的宣传教育。

第七条 国家通过财政转移支付等方式，建立健全对位于饮用水水源保护区区域和江河、湖泊、水库上游地区的水环境生态保护补偿机制。

第八条 县级以上人民政府环境保护主管部门对水污染防治实施统一监督管理。

交通主管部门的海事管理机构对船舶污染水域的防治实施监督管理。

县级以上人民政府水行政、国土资源、卫生、建设、农业、渔业等部门以及重要江河、湖泊的流域水资源保护机构，在各自的职责范围内，对有关水污染防治实施监督管理。

第九条 排放水污染物，不得超过国家或者地方规定的水污染物排放标准和重点水污染物排放总量控制指标。

第十条 任何单位和个人都有义务保护水环境，并有权对污染损害水环境的行为进行检举。

县级以上人民政府及其有关主管部门对在水污染防治工作中做出显著成绩的单位和个人给予表彰和奖励。

第二章 水污染防治的标准和规划

第十一条 国务院环境保护主管部门制定国家水环境质量标准。

省、自治区、直辖市人民政府可以对国家水环境质量标准中未作规定的项目,制定地方标准,并报国务院环境保护主管部门备案。

第十二条 国务院环境保护主管部门会同国务院水行政主管部门和有关省、自治区、直辖市人民政府,可以根据国家确定的重要江河、湖泊流域水体的使用功能以及有关地区的经济、技术条件,确定该重要江河、湖泊流域的省界水体适用的水环境质量标准,报国务院批准后施行。

第十三条 国务院环境保护主管部门根据国家水环境质量标准和国家经济、技术条件,制定国家水污染物排放标准。

省、自治区、直辖市人民政府对国家水污染物排放标准中未作规定的项目,可以制定地方水污染物排放标准;对国家水污染物排放标准中已作规定的项目,可以制定严于国家水污染物排放标准的地方水污染物排放标准。地方水污染物排放标准须报国务院环境保护主管部门备案。

向已有地方水污染物排放标准的水体排放污染物的,应当执行地方水污染物排放标准。

第十四条 国务院环境保护主管部门和省、自治区、直辖市人民政府,应当根据水污染防治的要求和国家或者地方的经济、技术条件,适时修订水环境质量标准和水污染物排放标准。

第十五条 防治水污染应当按流域或者按区域进行统一规划。国家确定的重要江河、湖泊的流域水污染防治规划,由国务院环境保护主管部门会同国务院经济综合宏观调控、水行政等部门和有关省、自治区、直辖市人民政府编制,报国务院批准。

前款规定外的其他跨省、自治区、直辖市江河、湖泊的流域水污染防治规划,根据国家确定的重要江河、湖泊的流域水污染防治规划和本地实际情况,由有关省、自治区、直辖市人民政府环境保护主管部门会同同级水行政等部门和有关市、县人民政府编制,经有关省、自治区、直辖市人民政府审核,报国务院批准。

省、自治区、直辖市内跨县江河、湖泊的流域水污染防治规划,根据国家确定的重要江河、湖泊的流域水污染防治规划和本地实际情况,由省、自治区、直辖市人民政府环境保护主管部门会同同级水行政等部门编制,报省、自治区、直辖市人民政府批准,并报国务院备案。

经批准的水污染防治规划是防治水污染的基本依据,规划的修订须经原批准机关批准。

县级以上地方人民政府应当根据依法批准的江河、湖泊的流域水污染防治规划,组织制定本行政区域的水污染防治规划。

第十六条 国务院有关部门和县级以上地方人民政府开发、利用和调节、调度水资源时,应当统筹兼顾,维持江河的合理流量和湖泊、水库以及地下水体的合理水位,维护水体的生态功能。

第三章 水污染防治的监督管理

第十七条 新建、改建、扩建直接或者间接向水体排放污染物的建设项目和其他水上设施,应当依法进行环境影响评价。

建设单位在江河、湖泊新建、改建、扩建排污口的,应当取得水行政主管部门或者流域管理机构同意;涉及通航、渔业水域的,环境保护主管部门在审批环境影响评价文件时，应当征求交通、渔业主管部门的意见。

建设项目的水污染防治设施，应当与主体工程同时设计、同时施工、同时投入使用。水污染防治设施应当经过环境保护主管部门验收，验收不合格的，该建设项目不得投入生产或者使用。

第十八条 国家对重点水污染物排放实施总量控制制度。

省、自治区、直辖市人民政府应当按照国务院的规定削减和控制本行政区域的重点水污染物排放总量，并将重点水污染物排放总量控制指标分解落实到市、县人民政府。市、县人民政府根据本行政区域重点水污染物排放总量控制指标的要求，将重点水污染物排放总量控制指标分解落实到排污单位。具体办法和实施步骤由国务院规定。

省、自治区、直辖市人民政府可以根据本行政区域水环境质量状况和水污染防治工作的需要，确定本行政区域实施总量削减和控制的重点水污染物。

对超过重点水污染物排放总量控制指标的地区，有关人民政府环境保护主管部门应当暂停审批新增重点水污染物排放总量的建设项目的环境影响评价文件。

第十九条 国务院环境保护主管部门对未按照要求完成重点水污染物排放总量控制指标的省、自治区、直辖市予以公布。省、自治区、直辖市人民政府环境保护主管部门对未按照要求完成重点水污染物排放总量控制指标的市、县予以公布。

县级以上人民政府环境保护主管部门对违反本法规定、严重污染水环境的企业予以公布。

第二十条 国家实行排污许可制度。

直接或者间接向水体排放工业废水和医疗污水以及其他按照规定应当取得排污许可证方可排放的废水、污水的企业事业单位,应当取得排污许可证;城镇污水集中处理设施的运营单位,也应当取得排污许可证。排污许可的具体办法和实施步骤由国务院规定。

禁止企业事业单位无排污许可证或者违反排污许可证的规定向水体排放前款规定的废水、污水。

第二十一条 直接或者间接向水体排放污染物的企业事业单位和个体工商户,应当按照国务院环境保护主管部门的规定,向县级以上地方人民政府环境保护主管部门申报登记拥有的水污染物排放设施、处理设施和在正常作业条件下排放水污染物的种类、数量和浓度,并提供防治水污染方面的有关技术资料。

企业事业单位和个体工商户排放水污染物的种类、数量和浓度有重大改变的,应当及时申报登记;其水污染物处理设施应当保持正常使用;拆除或者闲置水污染物处理设施的,应当事先报县级以上地方人民政府环境保护主管部门批准。

第二十二条 向水体排放污染物的企业事业单位和个体工商户,应当按照法律、行政法规和国务院环境保护主管部门的规定设置排污口;在江河、湖泊设置排污口的,还应当遵守国务院水行政主管部门的规定。

禁止私设暗管或者采取其他规避监管的方式排放水污染物。

第二十三条 重点排污单位应当安装水污染物排放自动监测设备,与环境保护主管部门的监控设备联网,并保证监测设备正常运行。排放工业废水的企业,应当对其所排放的工业废水进行监测,并保存原始监测记录。具体办法由国务院环境保护主管部门规定。

应当安装水污染物排放自动监测设备的重点排污单位名录,由设区的市级以上地方人民政府环境保护主管部门根据本行政区域的环境容量、重点水污染物排放总量控制指标的要求以及排污单位排放水污染物的种类、数量和浓度等因素,商同级有关部门确定。

第二十四条 直接向水体排放污染物的企业事业单位和个体工商户,应当按照排放水污染物的种类、数量和排污费征收标准缴纳排污费。

排污费应当用于污染的防治,不得挪作他用。

第二十五条 国家建立水环境质量监测和水污染物排放监测制度。国务院环境保护主管部门负责制定水环境监测规范,统一发布国家水环境状况信息,会同国务院水行政等部门组织监测网络。

第二十六条 国家确定的重要江河、湖泊流域的水资源保护工作机构负责监测其所在流域的省界水体的水环境质量状况,并将监测结果及时报国务院环境保护主管部门和国务院水行政主管部门;有经国务院批准成立的流域水资源保护领导机构的,应当将监测结果及时报告流域水资源保护领导机构。

第二十七条 环境保护主管部门和其他依照本法规定行使监督管理权的部门,有权对管辖范围内的排污单位进行现场检查,被检查的单位应当如实反映情况,提供必要的资料。检察机关有义务为被检查的单位保守在检查中获取的商业秘密。

第二十八条 跨行政区域的水污染纠纷,由有关地方人民政府协商解决,或者由其共同的上级人民政府协调解决。

第四章 水污染防治措施

第一节 一般规定

第二十九条 禁止向水体排放油类、酸液、碱液或者剧毒废液。

禁止在水体清洗装贮过油类或者有毒污染物的车辆和容器。

第三十条 禁止向水体排放、倾倒放射性固体废物或者含有高放射性和中放射性物质的废水。

向水体排放含低放射性物质的废水,应当符合国家有关放射性污染防治的规定和标准。

第三十一条 向水体排放含热废水,应当采取措施,保证水体的水温符合水环境质量标准。

第三十二条 含病原体的污水应当经过消毒处理;符合国家有关标准后,方可排放。

第三十三条 禁止向水体排放、倾倒工业废渣、城镇垃圾和其他废弃物。

禁止将含有汞、镉、砷、铬、铅、氰化物、黄磷等的可溶性剧毒废渣向水体排放、倾倒或者直接埋入地下。

存放可溶性剧毒废渣的场所,应当采取防水、防渗漏、防流失的措施。

第三十四条 禁止在江河、湖泊、运河、渠道、水库最高水位线以下的滩地和岸坡堆放、存贮固体废弃物和其他污染物。

第三十五条 禁止利用渗井、渗坑、裂隙和溶洞排放、倾倒含有毒污染物的废水、含病原体的污水和其他废弃物。

第三十六条　禁止利用无防渗漏措施的沟渠、坑塘等输送或者存贮含有毒污染物的废水、含病原体的污水和其他废弃物。

第三十七条　多层地下水的含水层水质差异大的，应当分层开采；对已受污染的潜水和承压水，不得混合开采。

第三十八条　兴建地下工程设施或者进行地下勘探、采矿等活动，应当采取防护性措施，防止地下水污染。

第三十九条　人工回灌补给地下水，不得恶化地下水质。

第二节　工业水污染防治

第四十条　国务院有关部门和县级以上地方人民政府应当合理规划工业布局，要求造成水污染的企业进行技术改造，采取综合防治措施，提高水的重复利用率，减少废水和污染物排放量。

第四十一条　国家对严重污染水环境的落后工艺和设备实行淘汰制度。

国务院经济综合宏观调控部门会同国务院有关部门，公布限期禁止采用的严重污染水环境的工艺名录和限期禁止生产、销售、进口、使用的严重污染水环境的设备名录。

生产者、销售者、进口者或者使用者应当在规定的期限内停止生产、销售、进口或者使用列入前款规定的设备名录中的设备。工艺的采用者应当在规定的期限内停止采用列入前款规定的工艺名录中的工艺。

依照本条第二款、第三款规定被淘汰的设备，不得转让给他人使用。

第四十二条　国家禁止新建不符合国家产业政策的小型造纸、制革、印染、染料、炼焦、炼硫、炼砷、炼汞、炼油、电镀、农药、石棉、水泥、玻璃、钢铁、火电以及其他严重污染水环境的生产项目。

第四十三条 企业应当采用原材料利用效率高、污染物排放量少的清洁工艺，并加强管理，减少水污染物的产生。

第三节 城镇水污染防治

第四十四条 城镇污水应当集中处理。

县级以上地方人民政府应当通过财政预算和其他渠道筹集资金，统筹安排建设城镇污水集中处理设施及配套管网，提高本行政区域城镇污水的收集率和处理率。

国务院建设主管部门应当会同国务院经济综合宏观调控、环境保护主管部门，根据城乡规划和水污染防治规划，组织编制全国城镇污水处理设施建设规划。县级以上地方人民政府组织建设、经济综合宏观调控、环境保护、水行政等部门编制本行政区域的城镇污水处理设施建设规划。县级以上地方人民政府建设主管部门应当按照城镇污水处理设施建设规划，组织建设城镇污水集中处理设施及配套管网，并加强对城镇污水集中处理设施运营的监督管理。

城镇污水集中处理设施的运营单位按照国家规定向排污者提供污水处理的有偿服务，收取污水处理费用，保证污水集中处理设施的正常运行。向城镇污水集中处理设施排放污水、缴纳污水处理费用的，不再缴纳排污费。收取的污水处理费用应当用于城镇污水集中处理设施的建设和运行，不得挪作他用。

城镇污水集中处理设施的污水处理收费、管理以及使用的具体办法，由国务院规定。

第四十五条 向城镇污水集中处理设施排放水污染物,应当符合国家或者地方规定的水污染物排放标准。

城镇污水集中处理设施的出水水质达到国家或者地方规定的水污染物排放标准的,可以按照国家有关规定免缴排污费。

城镇污水集中处理设施的运营单位,应当对城镇污水集中处理设施的出水水质负责。

环境保护主管部门应当对城镇污水集中处理设施的出水水质和水量进行监督检查。

第四十六条 建设生活垃圾填埋场,应当采取防渗漏等措施,防止造成水污染。

第四节 农业和农村水污染防治

第四十七条 使用农药,应当符合国家有关农药安全使用的规定和标准。

运输、存贮农药和处置过期失效农药,应当加强管理,防止造成水污染。

第四十八条 县级以上地方人民政府农业主管部门和其他有关部门,应当采取措施,指导农业生产者科学、合理地施用化肥和农药,控制化肥和农药的过量使用,防止造成水污染。

第四十九条 国家支持畜禽养殖场、养殖小区建设畜禽粪便、废水的综合利用或者无害化处理设施。

畜禽养殖场、养殖小区应当保证其畜禽粪便、废水的综合利用或者无害化处理设施正常运转,保证污水达标排放,防止污染水环境。

第五十条 从事水产养殖应当保护水域生态环境,科学确定养殖密度,合理投饵和使用药物,防止污染水环境。

第五十一条 向农田灌溉渠道排放工业废水和城镇污水,应当保证其下游最近的灌溉取水点的水质符合农田灌溉水质标准。

利用工业废水和城镇污水进行灌溉,应当防止污染土壤、地下水和农产品。

第五节 船舶水污染防治

第五十二条 船舶排放含油污水、生活污水,应当符合船舶污染物排放标准。从事海洋航运的船舶进入内河和港口的,应当遵守内河的船舶污染物排放标准。

船舶的残油、废油应当回收,禁止排入水体。

禁止向水体倾倒船舶垃圾。

船舶装载运输油类或者有毒货物,应当采取防止溢流和渗漏的措施,防止货物落水造成水污染。

第五十三条 船舶应当按照国家有关规定配置相应的防污设备和器材,并持有合法有效的防止水域环境污染的证书与文书。

船舶进行涉及污染物排放的作业,应当严格遵守操作规程,并在相应的记录簿上如实记载。

第五十四条 港口、码头、装卸站和船舶修造厂应当备有足够的船舶污染物、废弃物的接收设施。从事船舶污染物、废弃物接收作业,或者从事装载油类、污染危害性货物船舱清洗作业的单位,应当具备与其运营规模相适应的接收处理能力。

第五十五条 船舶进行下列活动,应当编制作业方案,采取有效的安全和防污染措施,并报作业地海事管理机构批准:

（一）进行残油、含油污水、污染危害性货物残留物的接收作业，或者进行装载油类、污染危害性货物船舱的清洗作业；

（二）进行散装液体污染危害性货物的过驳作业；

（三）进行船舶水上拆解、打捞或者其他水上、水下船舶施工作业。

在渔港水域进行渔业船舶水上拆解活动，应当报作业地渔业主管部门批准。

第五章 饮用水水源和其他特殊水体保护

第五十六条 国家建立饮用水水源保护区制度。饮用水水源保护区分为一级保护区和二级保护区；必要时，可以在饮用水水源保护区外围划定一定的区域作为准保护区。

饮用水水源保护区的划定，由有关市、县人民政府提出划定方案，报省、自治区、直辖市人民政府批准；跨市、县饮用水水源保护区的划定，由有关市、县人民政府协商提出划定方案，报省、自治区、直辖市人民政府批准；协商不成的，由省、自治区、直辖市人民政府环境保护主管部门会同同级水行政、国土资源、卫生、建设等部门提出划定方案，征求同级有关部门的意见后，报省、自治区、直辖市人民政府批准。

跨省、自治区、直辖市的饮用水水源保护区，由有关省、自治区、直辖市人民政府商有关流域管理机构划定；协商不成的，由国务院环境保护主管部门会同同级水行政、国土资源、卫生、建设等部门提出划定方案，征求国务院有关部门的意见后，报国务院批准。

国务院和省、自治区、直辖市人民政府可以根据保护饮用水水源的实际需要，调整饮用水水源保护区的范围，确保饮用水安全。有关地方人民政府应当在饮用水水源保护区的边界设立明确的地理界标和明显的警示标志。

第五十七条 在饮用水水源保护区内,禁止设置排污口。

第五十八条 禁止在饮用水水源一级保护区内新建、改建、扩建与供水设施和保护水源无关的建设项目;已建成的与供水设施和保护水源无关的建设项目,由县级以上人民政府责令拆除或者关闭。

禁止在饮用水水源一级保护区内从事网箱养殖、旅游、游泳、垂钓或者其他可能污染饮用水水体的活动。

第五十九条 禁止在饮用水水源二级保护区内新建、改建、扩建排放污染物的建设项目;已建成的排放污染物的建设项目,由县级以上人民政府责令拆除或者关闭。

在饮用水水源二级保护区内从事网箱养殖、旅游等活动的,应当按照规定采取措施,防止污染饮用水水体。

第六十条 禁止在饮用水水源准保护区内新建、扩建对水体污染严重的建设项目;改建建设项目,不得增加排污量。

第六十一条 县级以上地方人民政府应当根据保护饮用水水源的实际需要,在准保护区内采取工程措施或者建造湿地、水源涵养林等生态保护措施,防止水污染物直接排入饮用水水体,确保饮用水安全。

第六十二条 饮用水水源受到污染可能威胁供水安全的,环境保护主管部门应当责令有关企业事业单位采取停止或者减少排放水污染物等措施。

第六十三条 国务院和省、自治区、直辖市人民政府根据水环境保护的需要,可以规定在饮用水水源保护区内,采取禁止或者限制使用含磷洗涤剂、化肥、农药以及限制种植养殖等措施。

第六十四条 县级以上人民政府可以对风景名胜区水体、重要渔业水体和其他具有特殊经济文化价值的水体划定保护区,并采取措施,保证保护区的水质符合规定用途的水环境质量标准。

第六十五条 在风景名胜区水体、重要渔业水体和其他具有特殊经济文化价值的水体的保护区内,不得新建排污口。在保护区附近新建排污口,应当保证保护区水体不受污染。

第六章 水污染事故处置

第六十六条 各级人民政府及其有关部门,可能发生水污染事故的企业事业单位,应当依照《中华人民共和国突发事件应对法》的规定,做好突发水污染事故的应急准备、应急处置和事后恢复等工作。

第六十七条 可能发生水污染事故的企业事业单位,应当制定有关水污染事故的应急方案,做好应急准备,并定期进行演练。

生产、储存危险化学品的企业事业单位,应当采取措施,防止在处理安全生产事故过程中产生的可能严重污染水体的消防废水、废液直接排入水体。

第六十八条 企业事业单位发生事故或者其他突发性事件,造成或者可能造成水污染事故的,应当立即启动本单位的应急方案,采取应急措施,并向事故发生地的县级以上地方人民政府或者环境保护主管部门报告。环境保护主管部门接到报告后,应当及时向本级人民政府报告,并抄送有关部门。

造成渔业污染事故或者渔业船舶造成水污染事故的,应当向事故发生地的渔业主管部门报告,接受调查处理。其他船舶造成水污染事故的,应当向事故发生地的海事管理机构报告,接受调查处理;给渔业造成损害的,海事管理机构应当通知渔业主管部门参与调查处理。

第七章　法律责任

第六十九条　环境保护主管部门或者其他依照本法规定行使监督管理权的部门,不依法作出行政许可或者办理批准文件的,发现违法行为或者接到对违法行为的举报后不予查处的,或者有其他未依照本法规定履行职责的行为的,对直接负责的主管人员和其他直接责任人员依法给予处分。

第七十条　拒绝环境保护主管部门或者其他依照本法规定行使监督管理权的部门的监督检查,或者在接受监督检查时弄虚作假的,由县级以上人民政府环境保护主管部门或者其他依照本法规定行使监督管理权的部门责令改正,处一万元以上十万元以下的罚款。

第七十一条　违反本法规定,建设项目的水污染防治设施未建成、未经验收或者验收不合格,主体工程即投入生产或者使用的,由县级以上人民政府环境保护主管部门责令停止生产或者使用,直至验收合格,处五万元以上五十万元以下的罚款。

第七十二条　违反本法规定,有下列行为之一的,由县级以上人民政府环境保护主管部门责令限期改正;逾期不改正的,处一万元以上十万元以下的罚款:

(一)拒报或者谎报国务院环境保护主管部门规定的有关水污染物排放申报登记事项的;

(二)未按照规定安装水污染物排放自动监测设备或者未按照规定与环境保护主管部门的监控设备联网,并保证监测设备正常运行的;

(三)未按照规定对所排放的工业废水进行监测并保存原始监测记录的。

第七十三条 违反本法规定,不正常使用水污染物处理设施,或者未经环境保护主管部门批准拆除、闲置水污染物处理设施的,由县级以上人民政府环境保护主管部门责令限期改正,处应缴纳排污费数额一倍以上三倍以下的罚款。

第七十四条 违反本法规定,排放水污染物超过国家或者地方规定的水污染物排放标准,或者超过重点水污染物排放总量控制指标的,由县级以上人民政府环境保护主管部门按照权限责令限期治理,处应缴纳排污费数额二倍以上五倍以下的罚款。

限期治理期间,由环境保护主管部门责令限制生产、限制排放或者停产整治。限期治理的期限最长不超过一年;逾期未完成治理任务的,报经有批准权的人民政府批准,责令关闭。

第七十五条 在饮用水水源保护区内设置排污口的,由县级以上地方人民政府责令限期拆除,处十万元以上五十万元以下的罚款;逾期不拆除的,强制拆除,所需费用由违法者承担,处五十万元以上一百万元以下的罚款,并可以责令停产整顿。

除前款规定外,违反法律、行政法规和国务院环境保护主管部门的规定设置排污口或者私设暗管的,由县级以上地方人民政府环境保护主管部门责令限期拆除,处二万元以上十万元以下的罚款;逾期不拆除的,强制拆除,所需费用由违法者承担,处十万元以上五十万元以下的罚款;私设暗管或者有其他严重情节的,县级以上地方人民政府环境保护主管部门可以提请县级以上地方人民政府责令停产整顿。

未经水行政主管部门或者流域管理机构同意,在江河、湖泊新建、改建、扩建排污口的,由县级以上人民政府水行政主管部门或者流域管理机构依据职权,依照前款规定采取措施、给予处罚。

第七十六条 有下列行为之一的,由县级以上地方人民政府环境保护主管部门责令停止违法行为,限期采取治理措施,消除污染,处以罚款;逾期不采取治理措施的,环境保护主管部门可以指定有治理能力的单位代为治理,所需费用由违法者承担:

(一)向水体排放油类、酸液、碱液的;

(二)向水体排放剧毒废液,或者将含有汞、镉、砷、铬、铅、氰化物、黄磷等的可溶性剧毒废渣向水体排放、倾倒或者直接埋入地下的;

(三)在水体清洗装贮过油类、有毒污染物的车辆或者容器的;

(四)向水体排放、倾倒工业废渣、城镇垃圾或者其他废弃物,或者在江河、湖泊、运河、渠道、水库最高水位线以下的滩地、岸坡堆放、存贮固体废弃物或者其他污染物的;

(五)向水体排放、倾倒放射性固体废物或者含有高放射性、中放射性物质的废水的;

(六)违反国家有关规定或者标准,向水体排放含低放射性物质的废水、热废水或者含病原体的污水的;

(七)利用渗井、渗坑、裂隙或者溶洞排放、倾倒含有毒污染物的废水、含病原体的污水或者其他废弃物的;

(八)利用无防渗漏措施的沟渠、坑塘等输送或者存贮含有毒污染物的废水、含病原体的污水或者其他废弃物的。

有前款第三项、第六项行为之一的,处一万元以上十万元以下的罚款;有前款第一项、第四项、第八项行为之一的,处二万元以上二十万元以下的罚款;有前款第二项、第五项、第七项行为之一的,处五万元以上五十万元以下的罚款。

第七十七条 违反本法规定,生产、销售、进口或者使用列入禁止生产、销售、进口、使用的严重污染水环境的设备名录中的设备，或者采用列入禁止采用的严重污染水环境的工艺名录中的工艺的，由县级以上人民政府经济综合宏观调控部门责令改正，处五万元以上二十万元以下的罚款；情节严重的，由县级以上人民政府经济综合宏观调控部门提出意见，报请本级人民政府责令停业、关闭。

第七十八条 违反本法规定，建设不符合国家产业政策的小型造纸、制革、印染、染料、炼焦、炼硫、炼砷、炼汞、炼油、电镀、农药、石棉、水泥、玻璃、钢铁、火电以及其他严重污染水环境的生产项目的，由所在地的市、县人民政府责令关闭。

第七十九条 船舶未配置相应的防污染设备和器材，或者未持有合法有效的防止水域环境污染的证书与文书的，由海事管理机构、渔业主管部门按照职责分工责令限期改正，处二千元以上二万元以下的罚款；逾期不改正的，责令船舶临时停航。

船舶进行涉及污染物排放的作业，未遵守操作规程或者未在相应的记录簿上如实记载的，由海事管理机构、渔业主管部门按照职责分工责令改正，处二千元以上二万元以下的罚款。

第八十条 违反本法规定，有下列行为之一的，由海事管理机构、渔业主管部门按照职责分工责令停止违法行为，处以罚款；造成水污染的，责令限期采取治理措施，消除污染；逾期不采取治理措施的，海事管理机构、渔业主管部门按照职责分工可以指定有治理能力的单位代为治理，所需费用由船舶承担：

（一）向水体倾倒船舶垃圾或者排放船舶的残油、废油的；

（二）未经作业地海事管理机构批准，船舶进行残油、含油污水、污染危害性货物残留物的接收作业，或者进行装载油类、污染危害性货物

船舱的清洗作业,或者进行散装液体污染危害性货物的过驳作业的;

(三)未经作业地海事管理机构批准,进行船舶水上拆解、打捞或者其他水上、水下船舶施工作业的;

(四)未经作业地渔业主管部门批准,在渔港水域进行渔业船舶水上拆解的。

有前款第一项、第二项、第四项行为之一的,处五千元以上五万元以下的罚款;有前款第三项行为的,处一万元以上十万元以下的罚款。

第八十一条 有下列行为之一的,由县级以上地方人民政府环境保护主管部门责令停止违法行为,处十万元以上五十万元以下的罚款;并报经有批准权的人民政府批准,责令拆除或者关闭:

(一)在饮用水水源一级保护区内新建、改建、扩建与供水设施和保护水源无关的建设项目的;

(二)在饮用水水源二级保护区内新建、改建、扩建排放污染物的建设项目的;

(三)在饮用水水源准保护区内新建、扩建对水体污染严重的建设项目,或者改建建设项目增加排污量的。

在饮用水水源一级保护区内从事网箱养殖或者组织进行旅游、垂钓或者其他可能污染饮用水水体的活动的,由县级以上地方人民政府环境保护主管部门责令停止违法行为,处二万元以上十万元以下的罚款。个人在饮用水水源一级保护区内游泳、垂钓或者从事其他可能污染饮用水水体的活动的,由县级以上地方人民政府环境保护主管部门责令停止违法行为,可以处五百元以下的罚款。

第八十二条 企业事业单位有下列行为之一的,由县级以上人民政府环境保护主管部门责令改正;情节严重的,处二万元以上十万元以下的罚款：

（一）不按照规定制定水污染事故的应急方案的；

（二）水污染事故发生后，未及时启动水污染事故的应急方案，采取有关应急措施的。

第八十三条 企业事业单位违反本法规定，造成水污染事故的，由县级以上人民政府环境保护主管部门依照本条第二款的规定处以罚款，责令限期采取治理措施，消除污染；不按要求采取治理措施或者不具备治理能力的，由环境保护主管部门指定有治理能力的单位代为治理，所需费用由违法者承担；对造成重大或者特大水污染事故的，可以报经有批准权的人民政府批准，责令关闭；对直接负责的主管人员和其他直接责任人员可以处上一年度从本单位取得的收入百分之五十以下的罚款。

对造成一般或者较大水污染事故的，按照水污染事故造成的直接损失的百分之二十计算罚款；对造成重大或者特大水污染事故的，按照水污染事故造成的直接损失的百分之三十计算罚款。

造成渔业污染事故或者渔业船舶造成水污染事故的，由渔业主管部门进行处罚；其他船舶造成水污染事故的，由海事管理机构进行处罚。

第八十四条 当事人对行政处罚决定不服的，可以申请行政复议，也可以在收到通知之日起十五日内向人民法院起诉；期满不申请行政复议或者起诉，又不履行行政处罚决定的，由作出行政处罚决定的机关申请人民法院强制执行。

第八十五条 因水污染受到损害的当事人，有权要求排污方排除危害和赔偿损失。

由于不可抗力造成水污染损害的,排污方不承担赔偿责任;法律另有规定的除外。

水污染损害是由受害人故意造成的,排污方不承担赔偿责任。水污染损害是由受害人重大过失造成的,可以减轻排污方的赔偿责任。

水污染损害是由第三人造成的,排污方承担赔偿责任后,有权向第三人追偿。

第八十六条 因水污染引起的损害赔偿责任和赔偿金额的纠纷,可以根据当事人的请求,由环境保护主管部门或者海事管理机构、渔业主管部门按照职责分工调解处理;调解不成的,当事人可以向人民法院提起诉讼。当事人也可以直接向人民法院提起诉讼。

第八十七条 因水污染引起的损害赔偿诉讼,由排污方就法律规定的免责事由及其行为与损害结果之间不存在因果关系承担举证责任。

第八十八条 因水污染受到损害的当事人人数众多的,可以依法由当事人推选代表人进行共同诉讼。

环境保护主管部门和有关社会团体可以依法支持因水污染受到损害的当事人向人民法院提起诉讼。

国家鼓励法律服务机构和律师为水污染损害诉讼中的受害人提供法律援助。

第八十九条 因水污染引起的损害赔偿责任和赔偿金额的纠纷,当事人可以委托环境监测机构提供监测数据。环境监测机构应当接受委托,如实提供有关监测数据。

第九十条 违反本法规定,构成违反治安管理行为的,依法给予治安管理处罚;构成犯罪的,依法追究刑事责任。

第八章 附 则

第九十一条 本法中下列用语的含义：

（一）水污染，是指水体因某种物质的介入，而导致其化学、物理、生物或者放射性等方面特性的改变，从而影响水的有效利用，危害人体健康或者破坏生态环境，造成水质恶化的现象。

（二）水污染物，是指直接或者间接向水体排放的，能导致水体污染的物质。

（三）有毒污染物，是指那些直接或者间接被生物摄入体内后，可能导致该生物或者其后代发病、行为反常、遗传异变、生理机能失常、机体变形或者死亡的污染物。

（四）渔业水体，是指划定的鱼虾类的产卵场、索饵场、越冬场、洄游通道和鱼虾贝藻类的养殖场的水体。

第九十二条 本法自 2008 年 6 月 1 日起施行。